RECUEIL

Des Ariettes

DE

L'HEUREUX DÉGUISEMENT

Opera Comique.

Mis en Musique

PAR

Mr LARUETTE.

Prix 2.^lt 8.^s

A PARIS

Chez Duchesne Libraire rue St Jacques

Et aux Adresses Ordinaires.

1758

Avec Approbation et Privilége du Roi.

ARIETTES DE l'Heureux Déguisement.

I.ère Ariette.

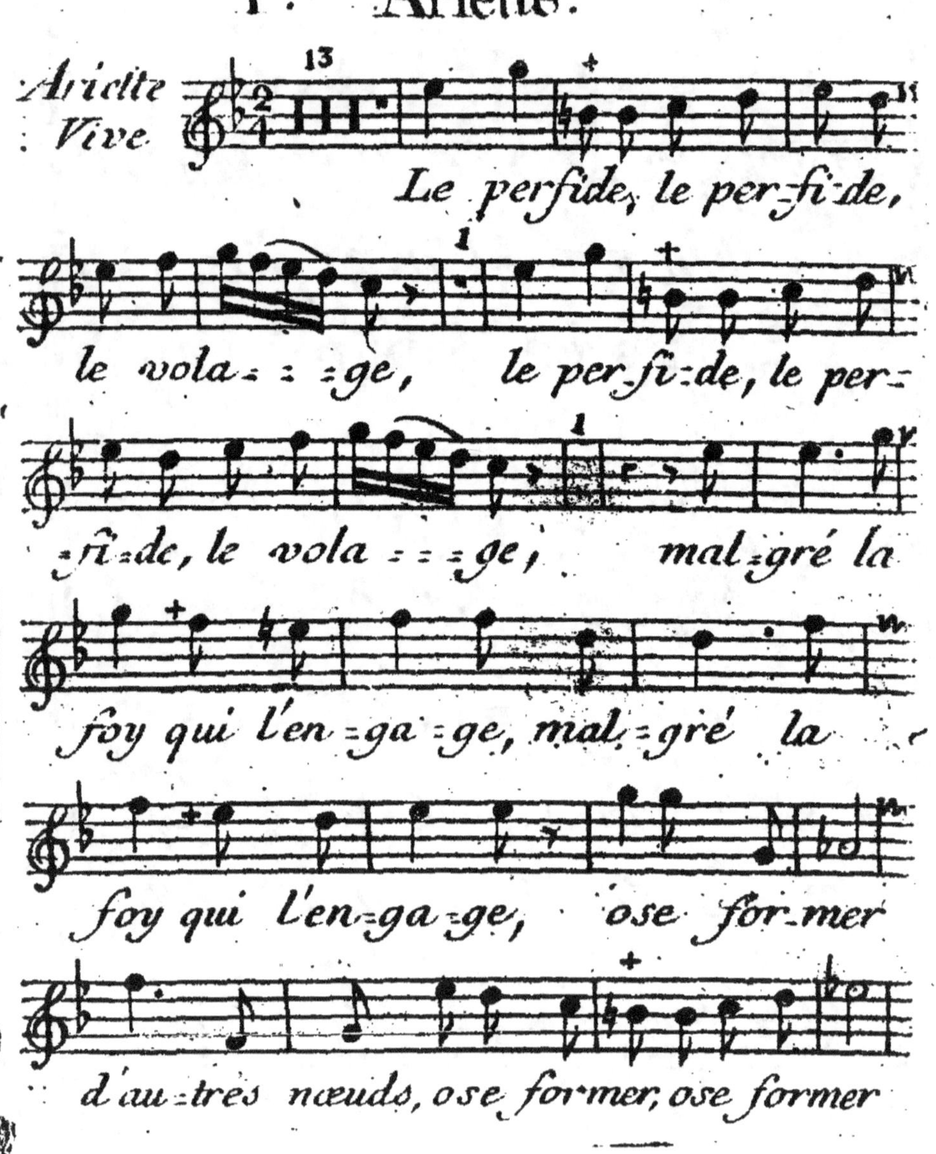

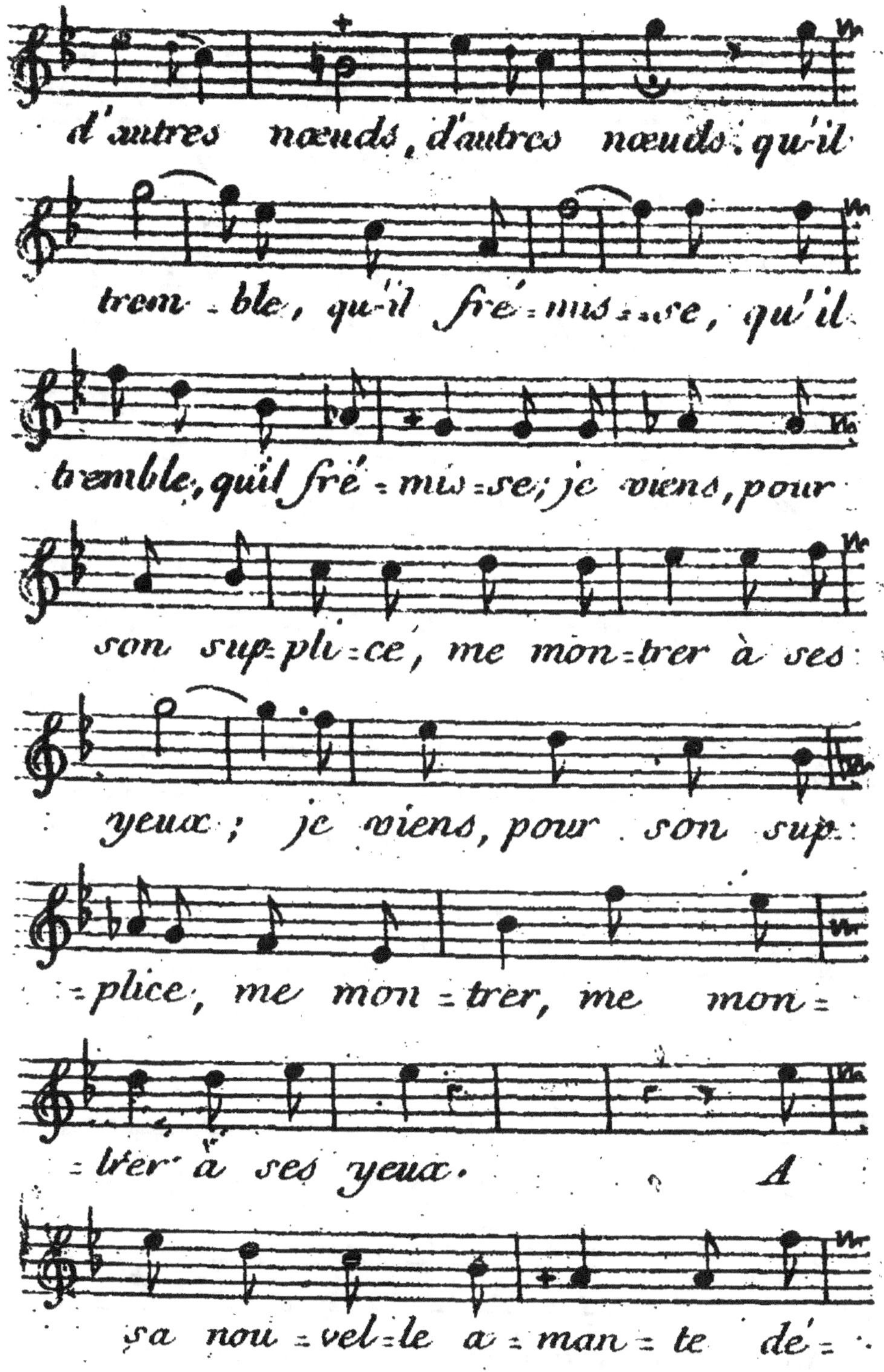
d'autres nœuds, d'autres nœuds : qu'il
trem - ble, qu'il fré = mis = = se, qu'il
tremble, quil fré = mis = se ; je viens, pour
son sup = pli = ce, me mon = trer à ses
yeux ; je viens, pour son sup =
= plice, me mon = trer, me mon =
= trer à ses yeux. A
sa nou = vel = le a = man = te dé =

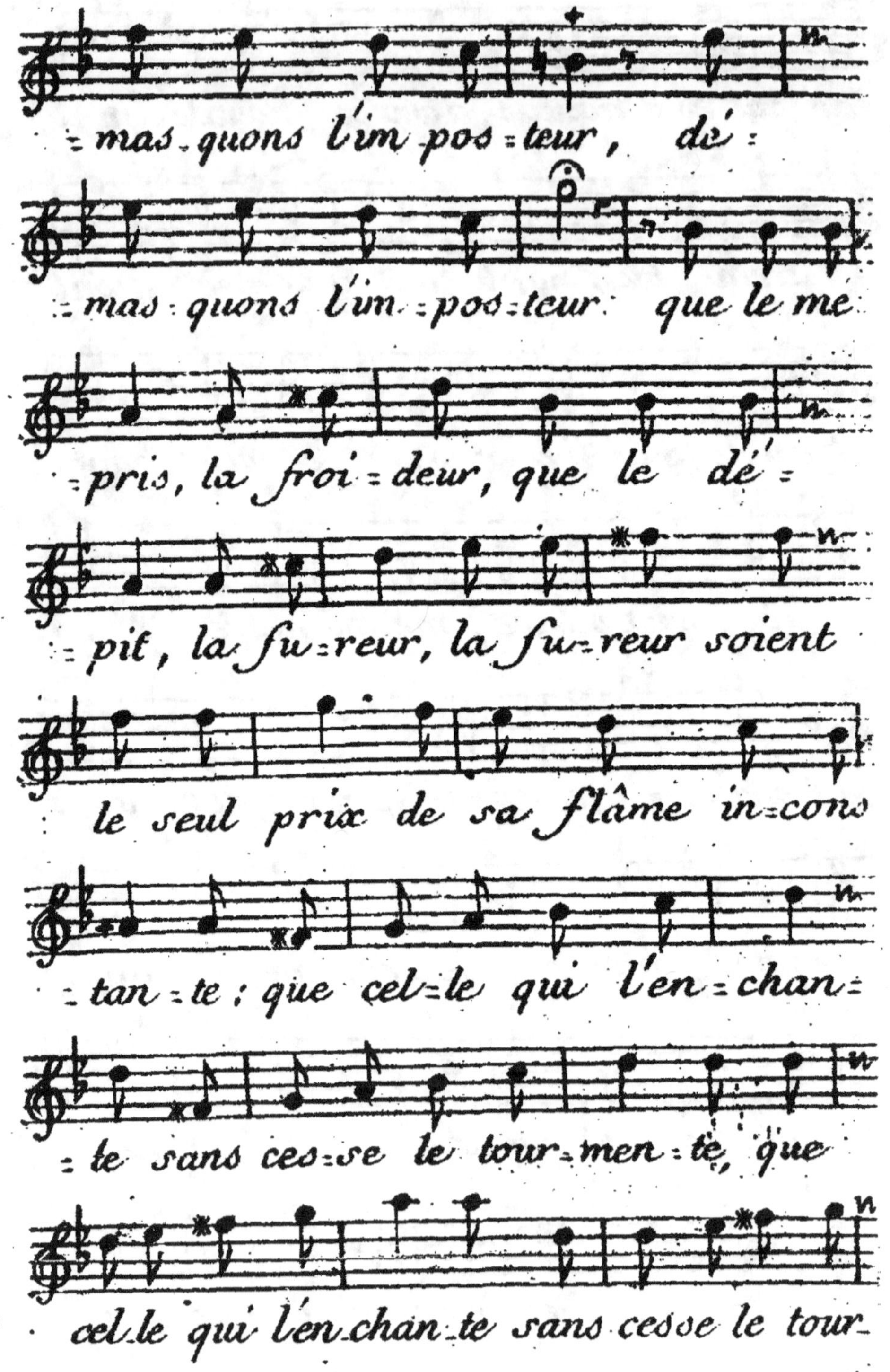
=mas=quons l'im pos=teur, dé=
=mas=quons l'im=pos=teur que le mé
=pris, la froi=deur, que le dé=
=pit, la ſu=reur, la ſu=reur soient
le seul prix de sa flâme in=cons
=tan=te ; que cel=le qui l'en=chan=
=te sans ces=se le tour=men=te, que
cel=le qui l'en=chan=te sans cesse le tour=

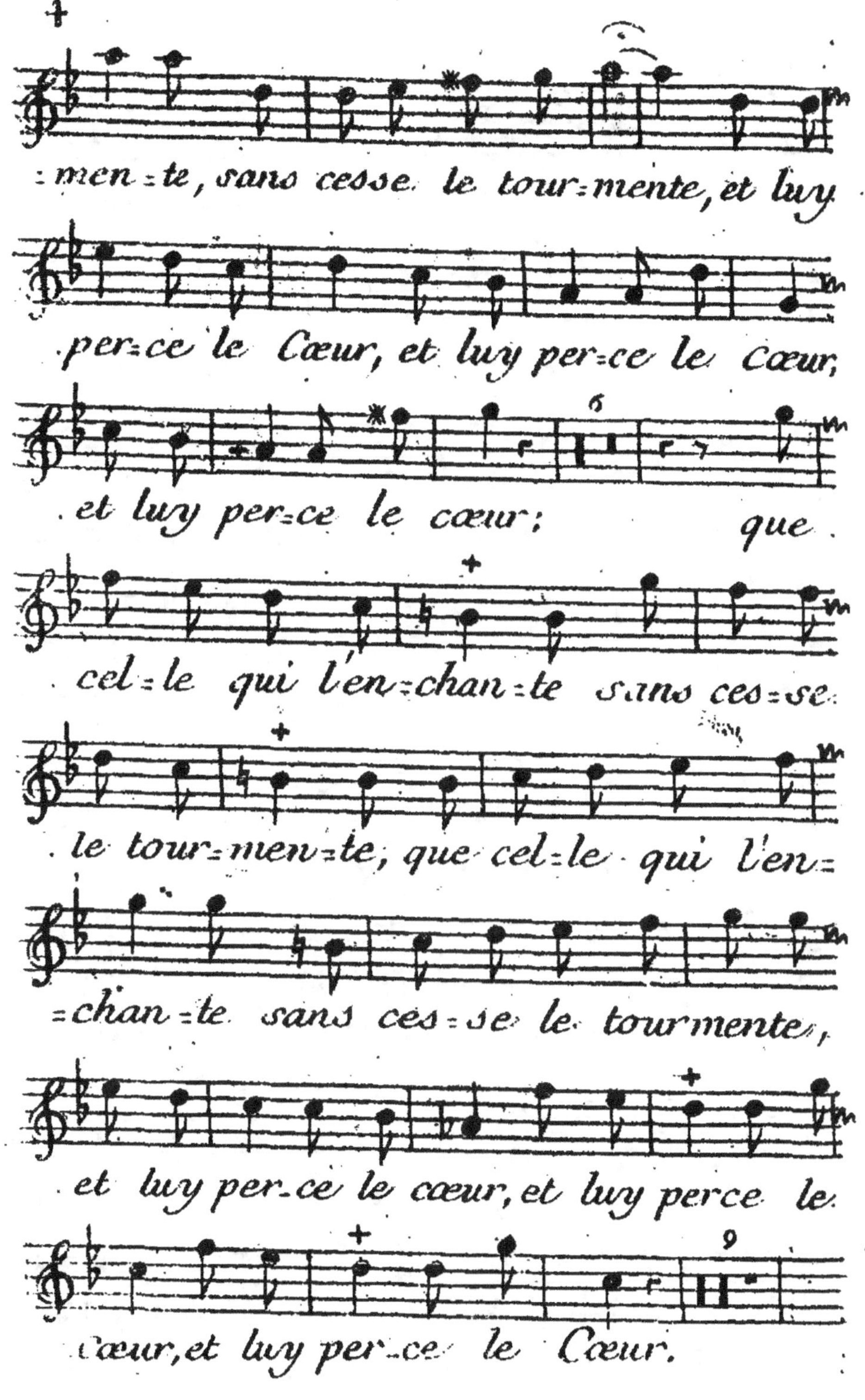
:men:te, sans cesse le tour:mente, et luy
per:ce le Cœur, et luy per:ce le cœur,
et luy per:ce le cœur;
que
cel:le qui l'en:chan:te sans ces:se
le tour:men:te, que cel:le qui l'en:
:chan:te sans ces:se le tourmente,
et luy per-ce le cœur, et luy perce le
cœur, et luy per-ce le Cœur.

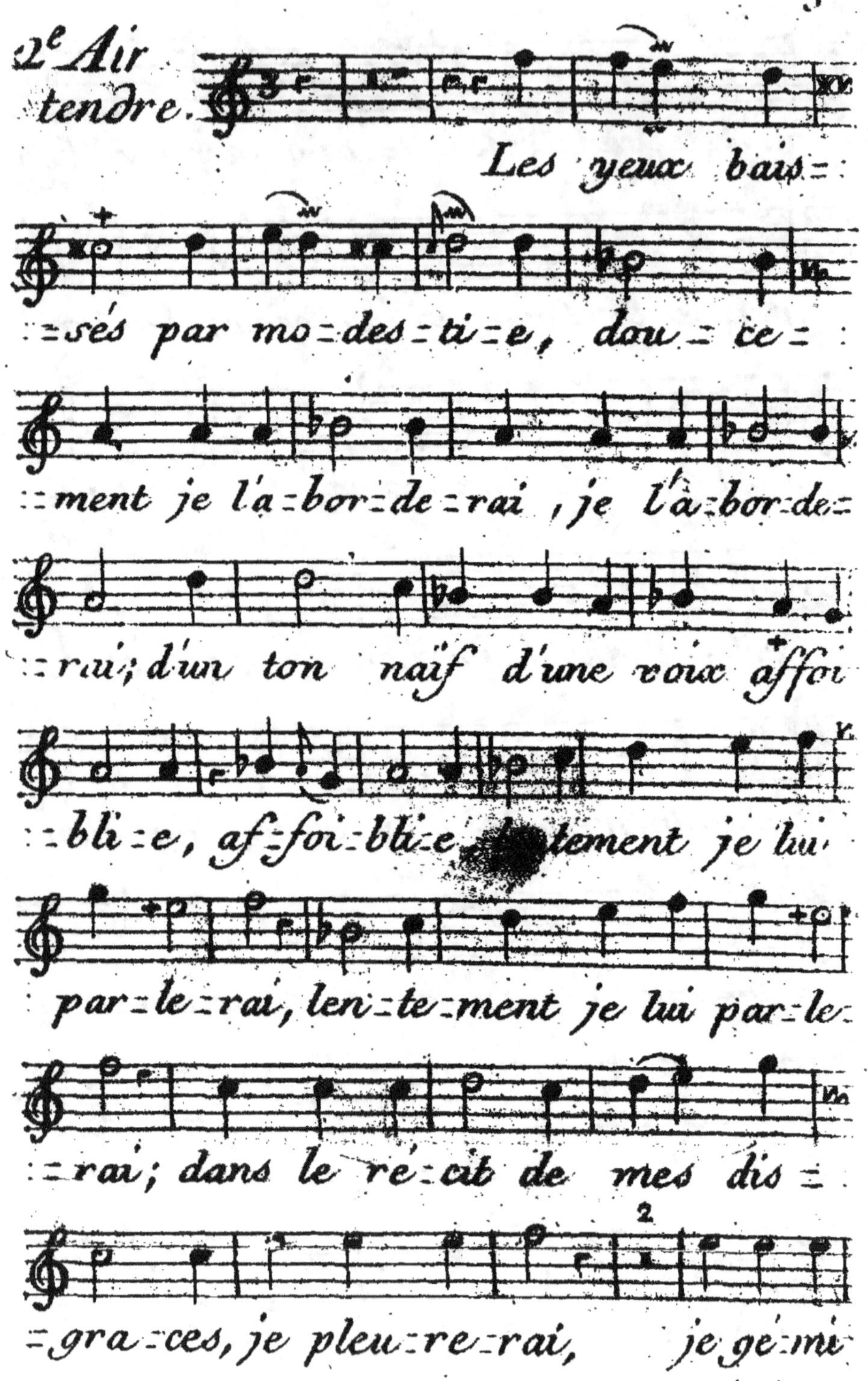
2e Air tendre.
Les yeux bais=
=sés par mo=des=ti=e, dou=ce=
=ment je l'a=bor=de=rai, je l'a=bor=de=
=rai; d'un ton naïf d'une voix affoi
=bli=e, af=foi=bli=e tement je lui
par=le=rai, len=te=ment je lui par=le=
=rai; dans le ré=cit de mes dis=
=gra=ces, je pleu=re=rai, je gé=mi

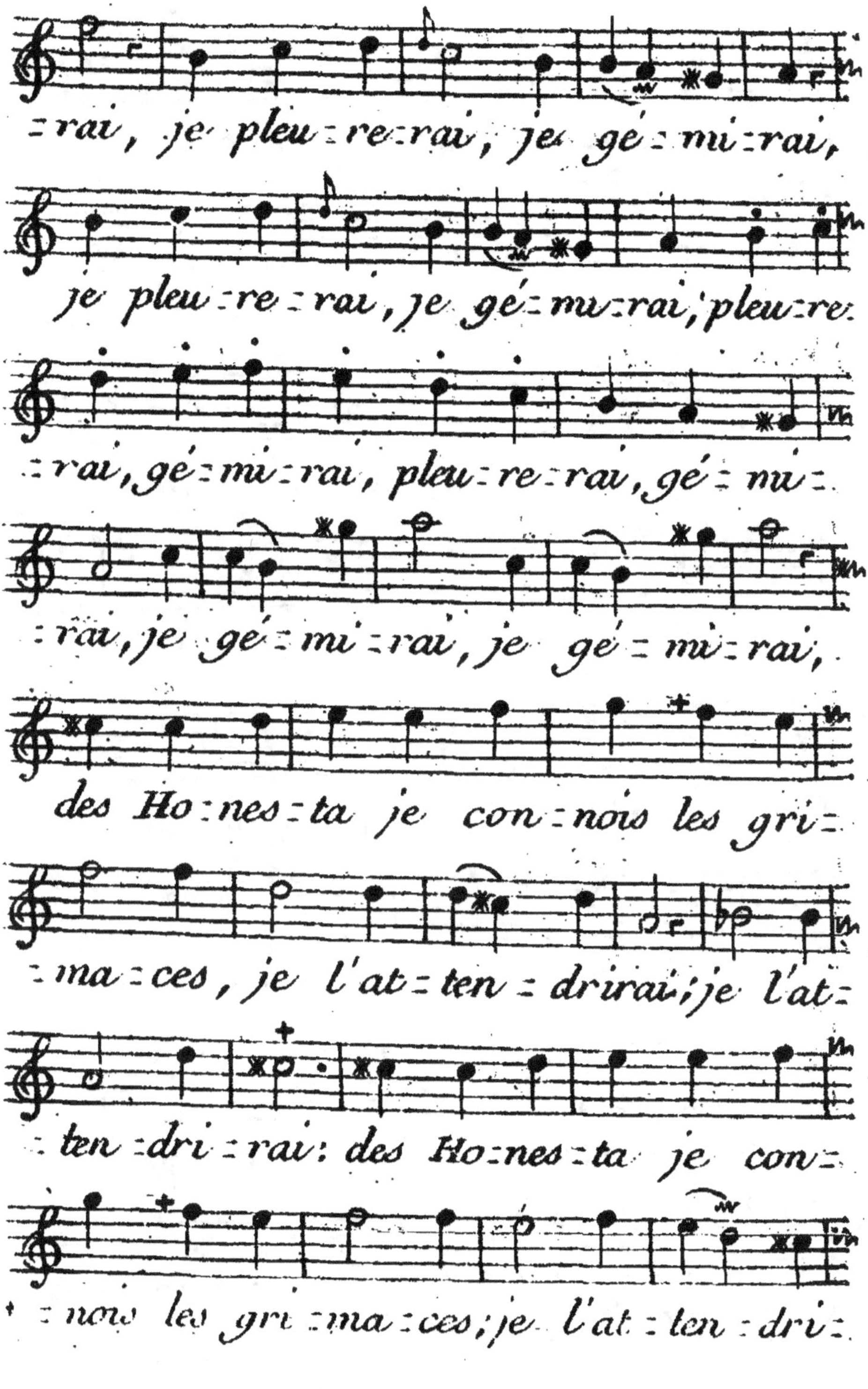

:rai, je pleu:re:rai, je gé:mi:rai,

je pleu:re:rai, je gé:mi:rai, pleu:re:

:rai, gé:mi:rai, pleu:re:rai, gé:mi:

:rai, je gé:mi:rai, je gé:mi:rai,

des Ho:nes:ta je con:nois les gri:

:ma:ces, je l'at:ten:drirai; je l'at:

:ten:dri:rai: des Ho:nes:ta je con:

:nois les gri:ma:ces; je l'at:ten:dri:

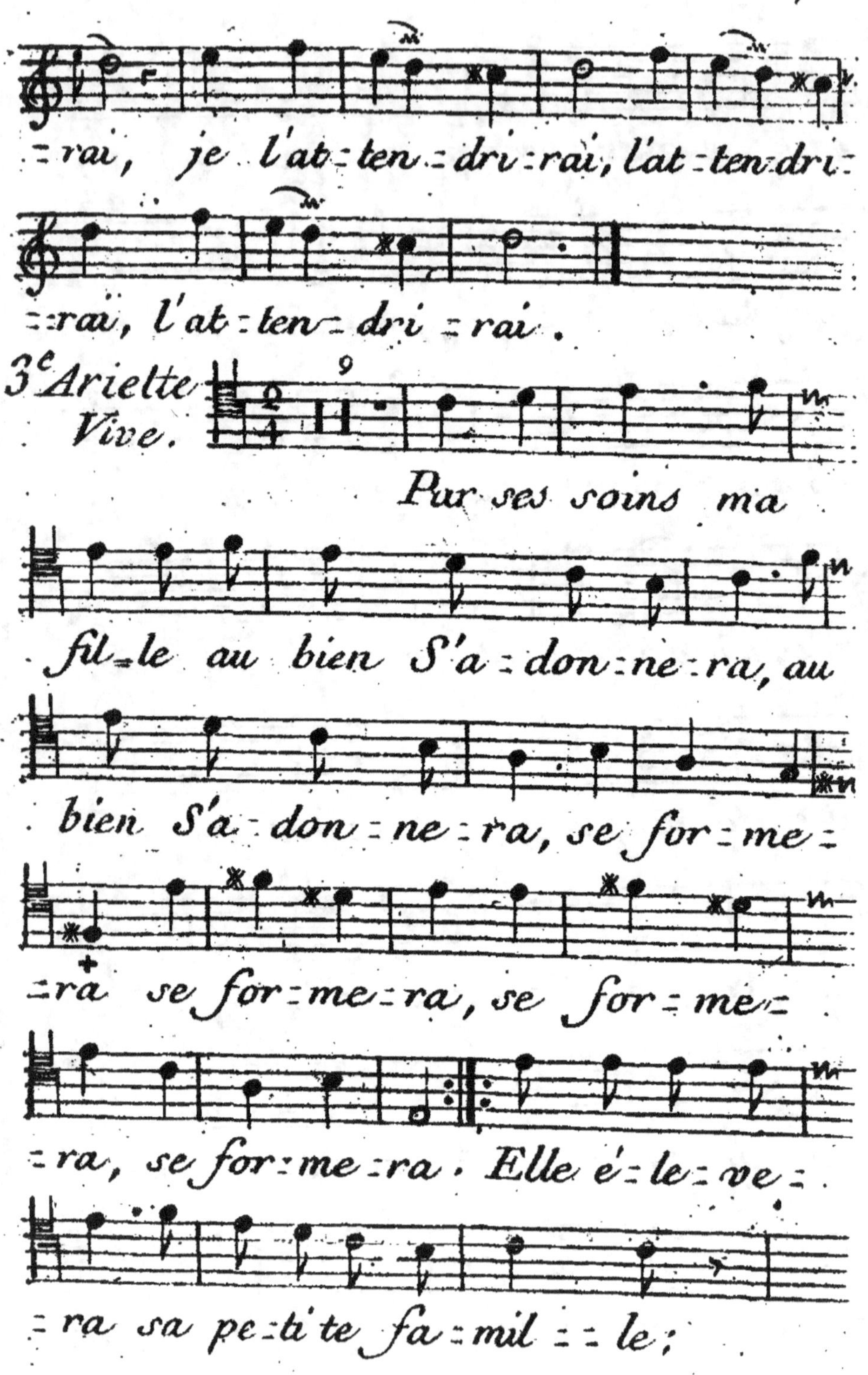
=rai, je l'at=ten=dri=rai, l'at=ten=dri=
=rai, l'at=ten=dri=rai.
3e Ariette
Vive.
Par ses soins ma
fil=le au bien S'a=don=ne=ra, au
bien S'a=don=ne=ra, se for=me=
=ra se for=me=ra, se for=me=
=ra, se for=me=ra. Elle é=le=ve=
=ra sa pe=ti=te fa=mil==le;

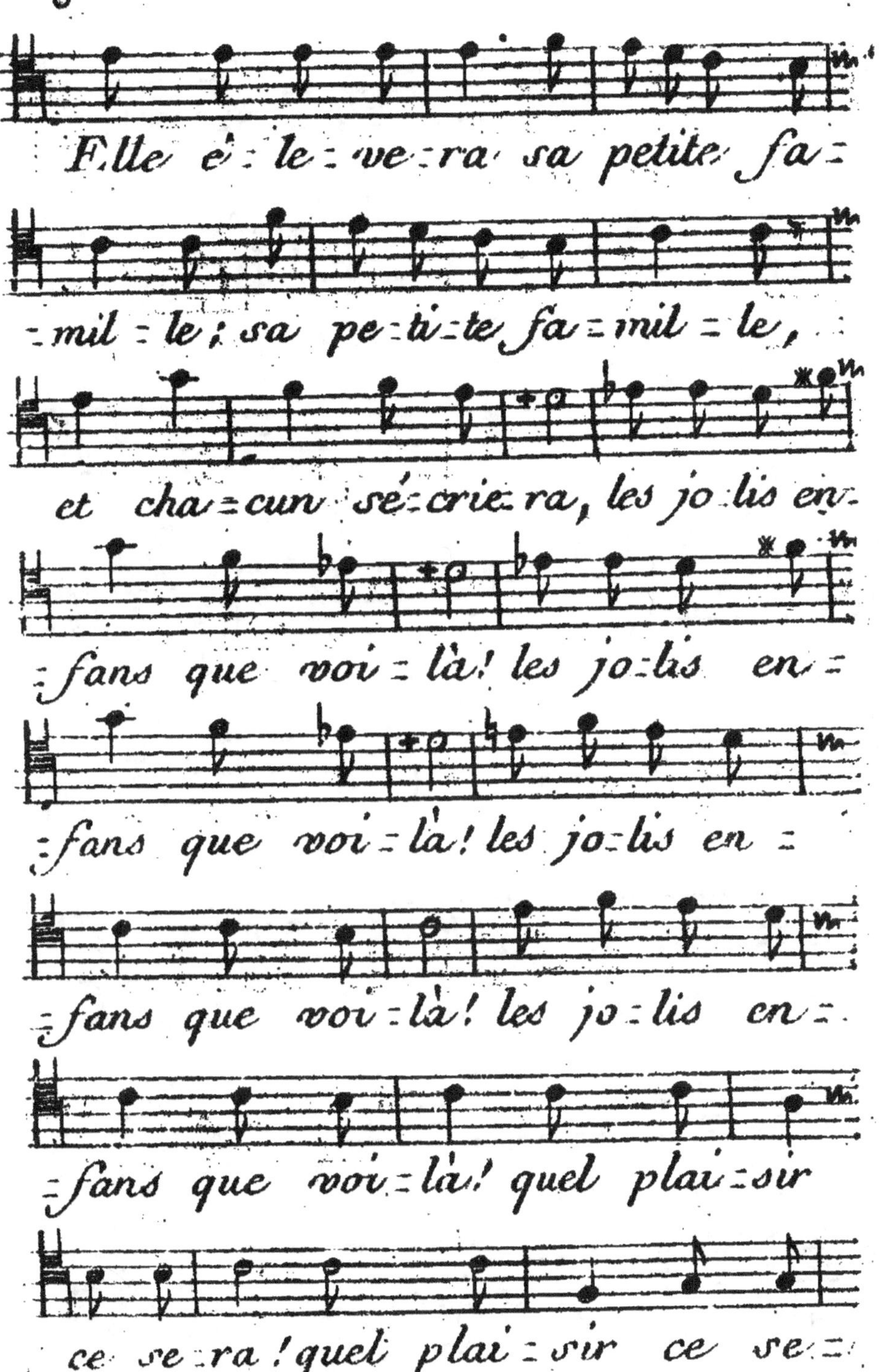
Elle é-le-ve-ra sa petite fa-
-mil-le; sa pe-ti-te fa-mil-le,
et cha-cun s'é-crie-ra, les jo-lis en-
-fans que voi-là! les jo-lis en-
-fans que voi-là! les jo-lis en-
-fans que voi-là! les jo-lis en-
-fans que voi-là! quel plai-sir
ce se-ra! quel plai-sir ce se-

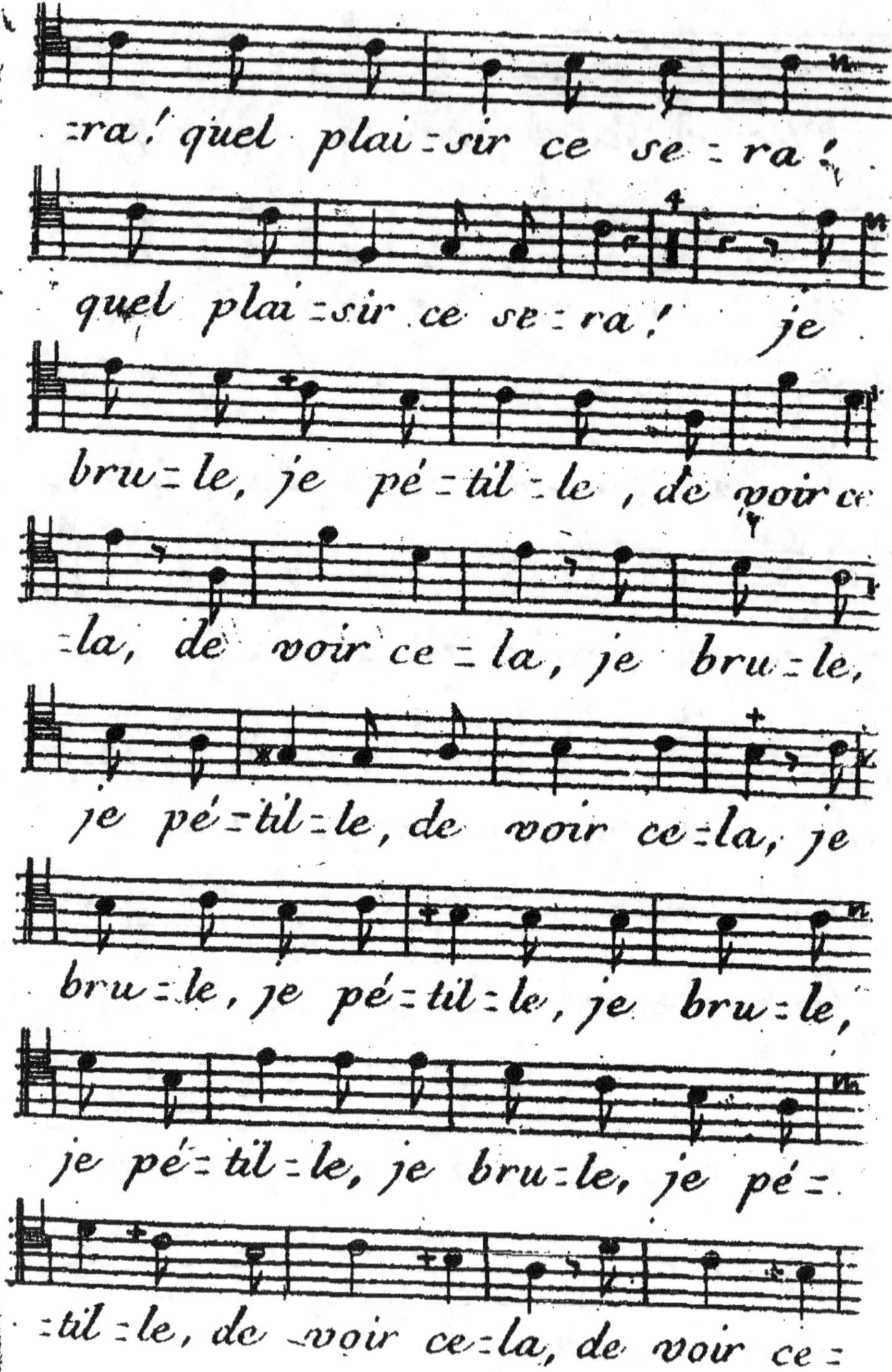
=ra! quel plai=sir ce se=ra!
quel plai=sir ce se=ra! je
bru=le, je pé=til=le, de voir ce
=la, de voir ce=la, je bru=le,
je pé=til=le, de voir ce=la, je
bru=le, je pé=til=le, je bru=le,
je pé=til=le, je bru=le, je pé=
=til=le, de voir ce=la, de voir ce=

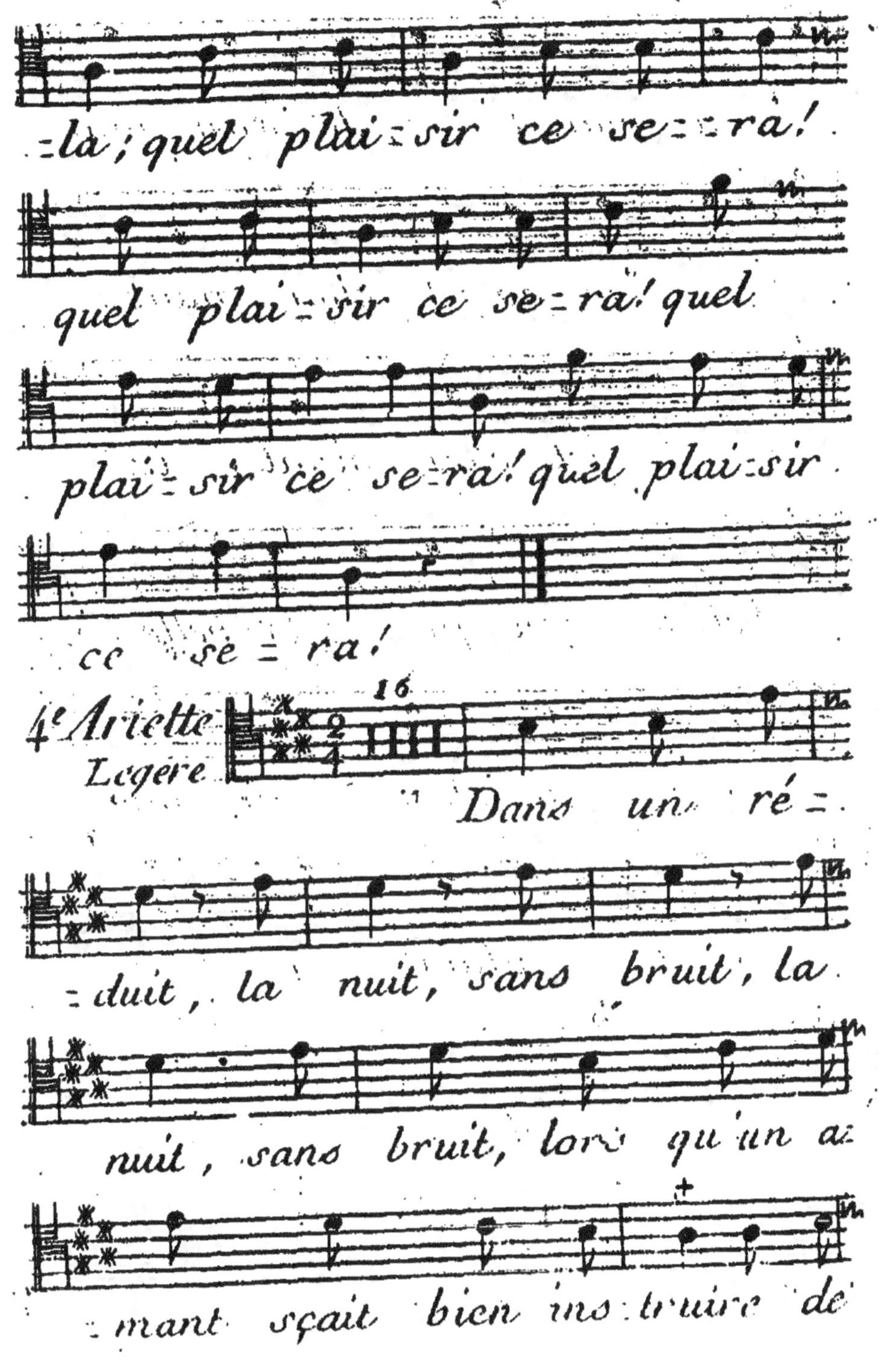
=là ; quel plai=sir ce se=ra!
quel plai=sir ce se=ra! quel
plai=sir ce se=ra! quel plai=sir
ce se=ra!
4e Ariette
Legére
16
Dans un ré=
=duit, la nuit, sans bruit, la
nuit, sans bruit, lors qu'un a=
=mant sçait bien ins=truire de

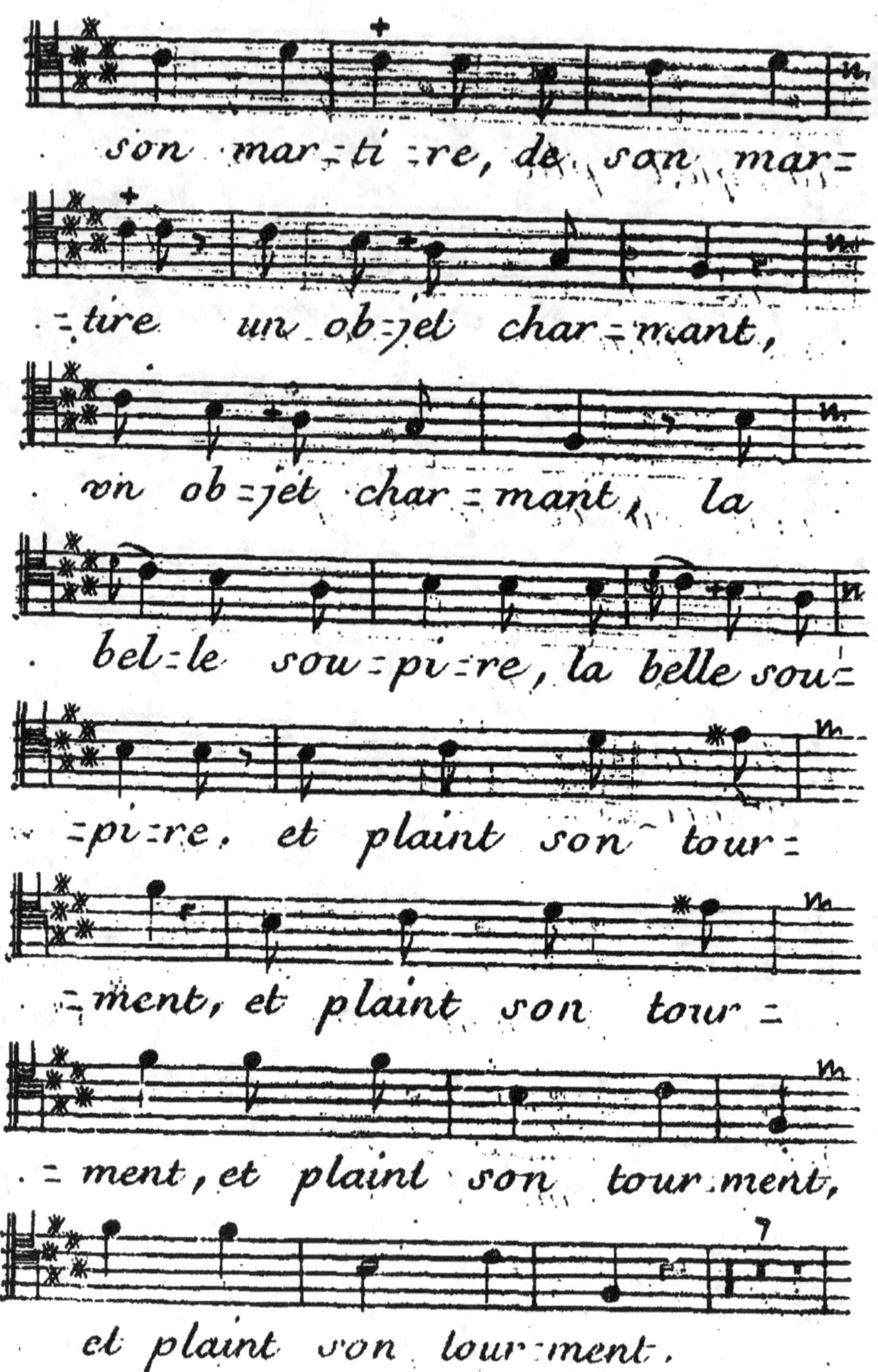
son mar=ti=re, de son mar=
=tire un ob=jet char=mant,
un ob=jet char=mant, la
bel=le sou=pi=re, la belle sou=
=pi=re, et plaint son tour=
=ment, et plaint son tour=
=ment, et plaint son tour=ment,
et plaint son tour=ment.

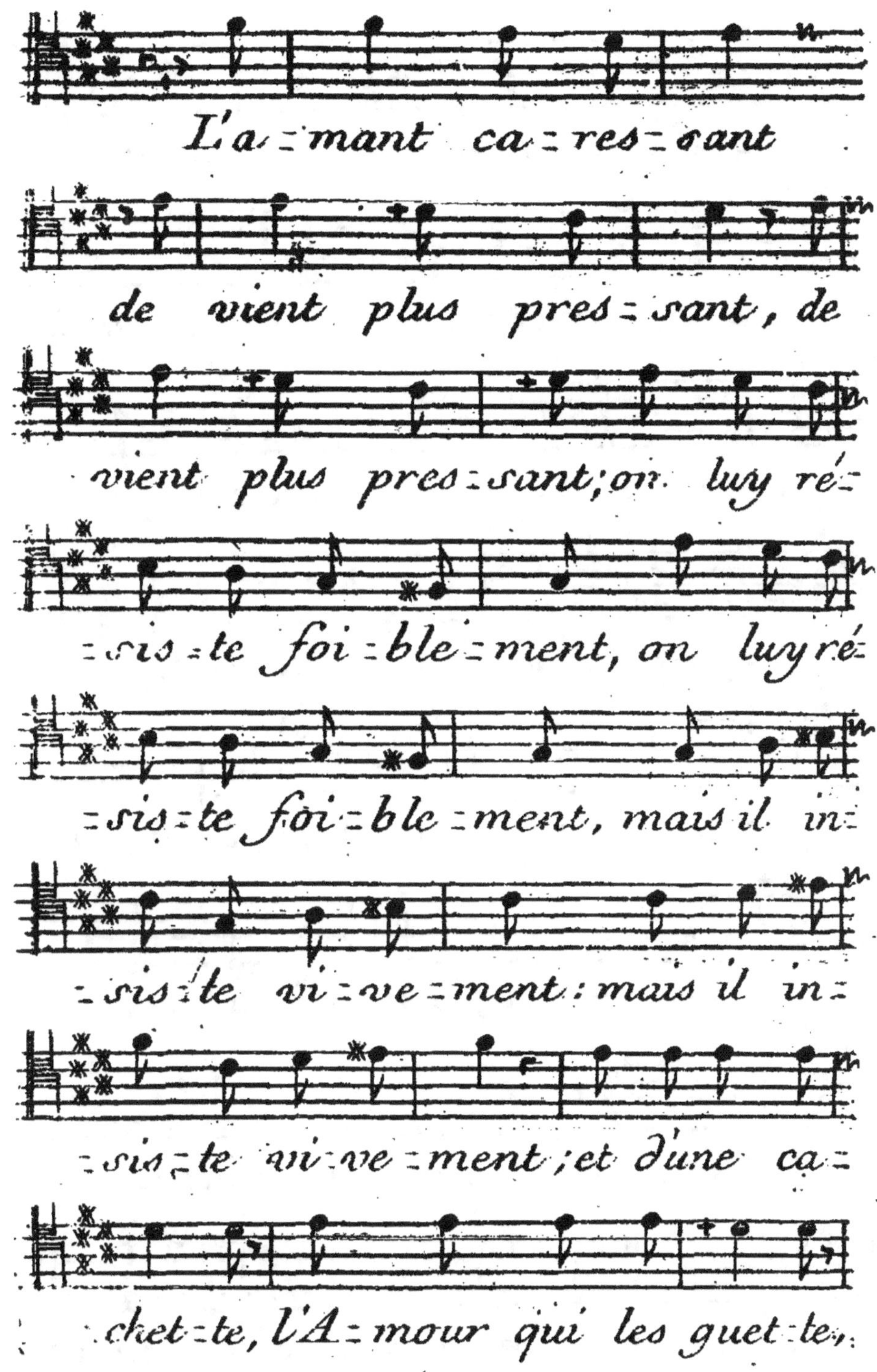
L'a=mant ca=res=sant
de vient plus pres=sant, de
vient plus pres=sant; on luy ré=
=sis=te foi=ble=ment, on luy ré=
=sis=te foi=ble=ment, mais il in=
=sis=te vi=ve=ment: mais il in=
=sis=te vi=ve=ment; et d'une ca=
=chet=te, l'A=mour qui les guet=te.

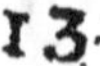

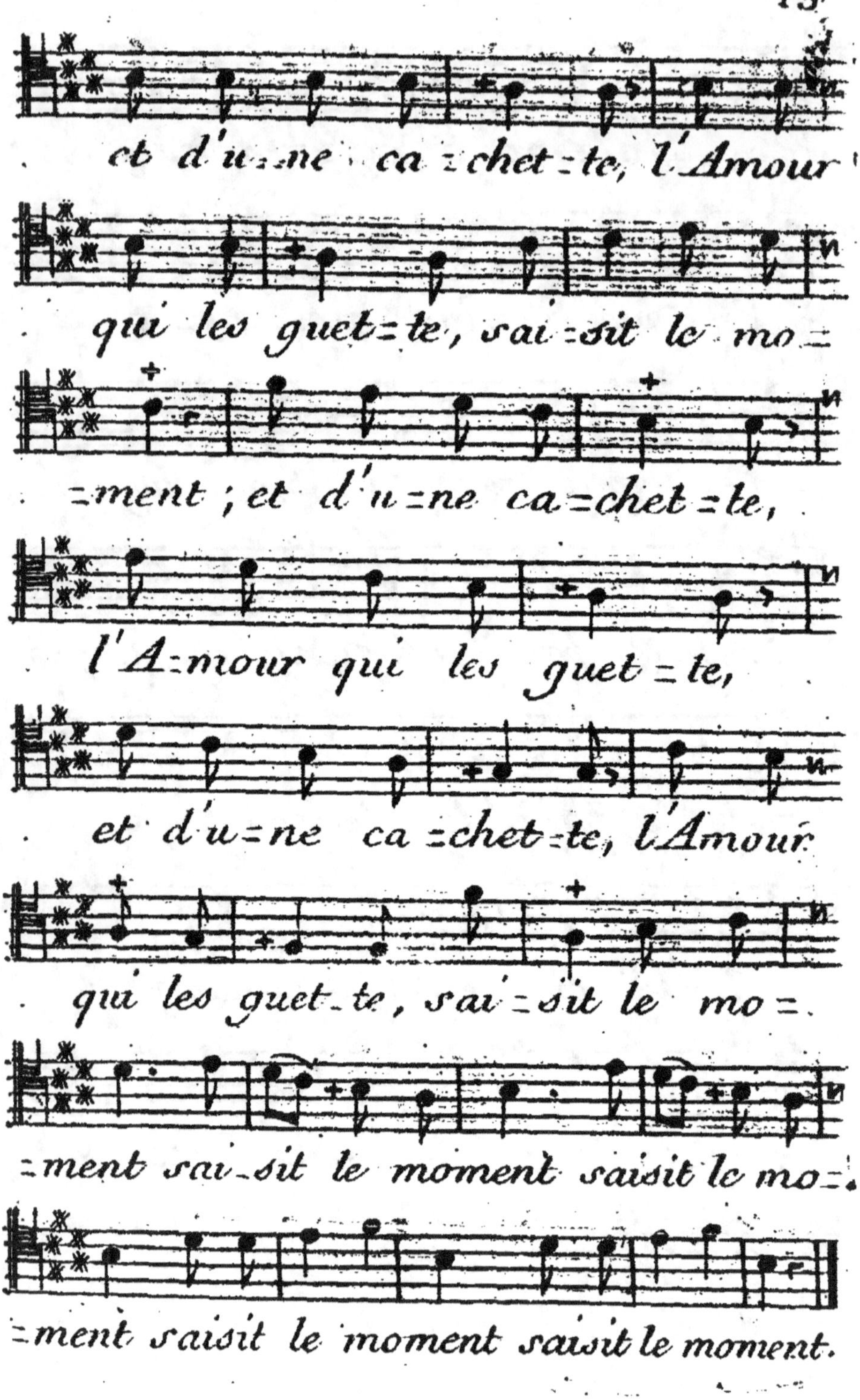

et d'u=ne ca=chet=te, l'Amour

qui les guet=te, sai=sit le mo=

=ment; et d'u=ne ca=chet=te,

l'A=mour qui les guet=te,

et d'u=ne ca=chet=te, l'Amour

qui les guet-te, sai=sit le mo=

=ment sai-sit le moment saisit le mo=

=ment saisit le moment saisit le moment.

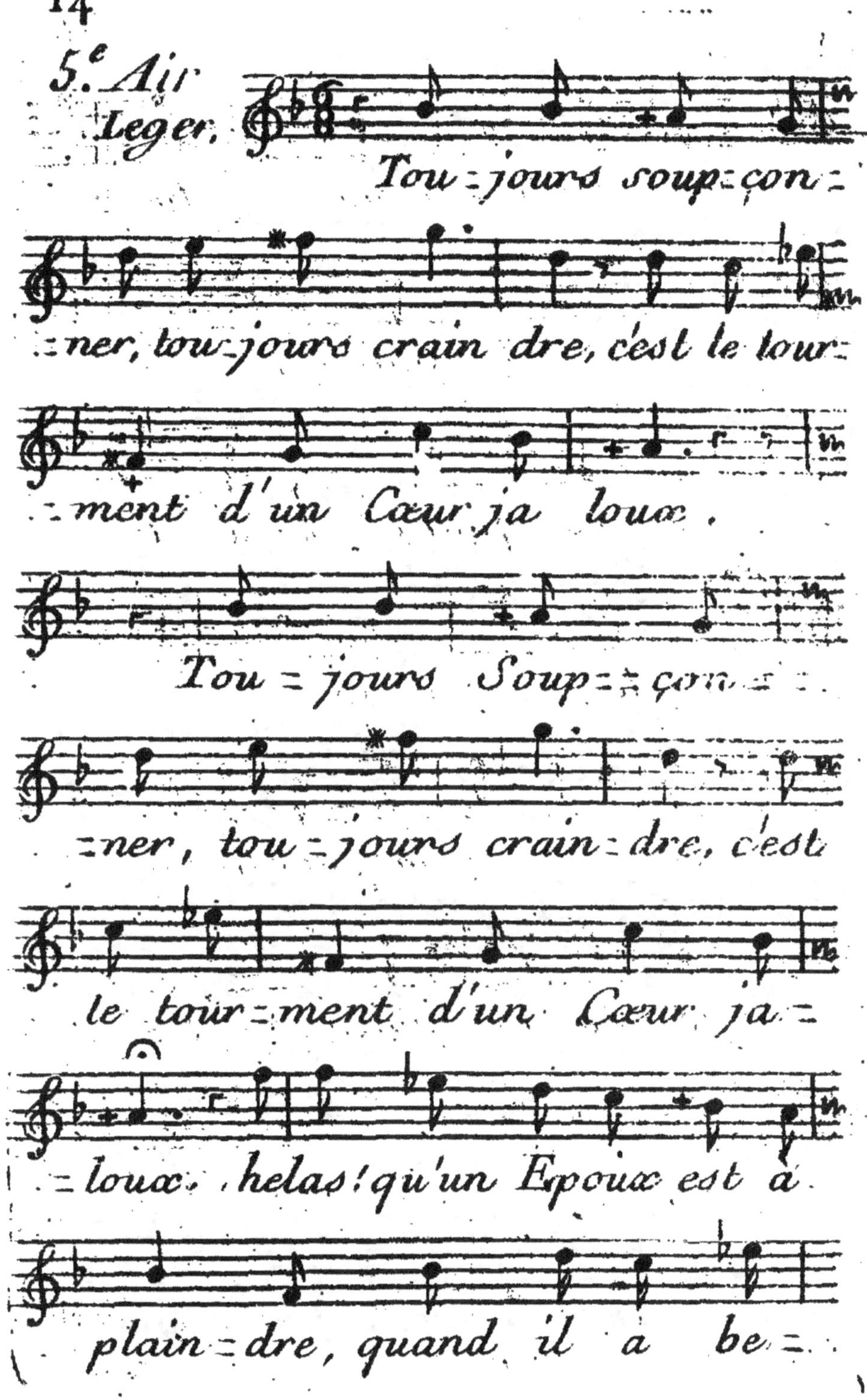
5.e Air
Leger.
Tou=jours soup=çon=
=ner, tou=jours crain dre, c'est le tour=
=ment d'un Cœur ja loux.
Tou=jours Soup=çon=
=ner, tou=jours crain=dre, c'est
le tour=ment d'un Cœur ja=
=loux. helas! qu'un Epoux est à
plain=dre, quand il a be=

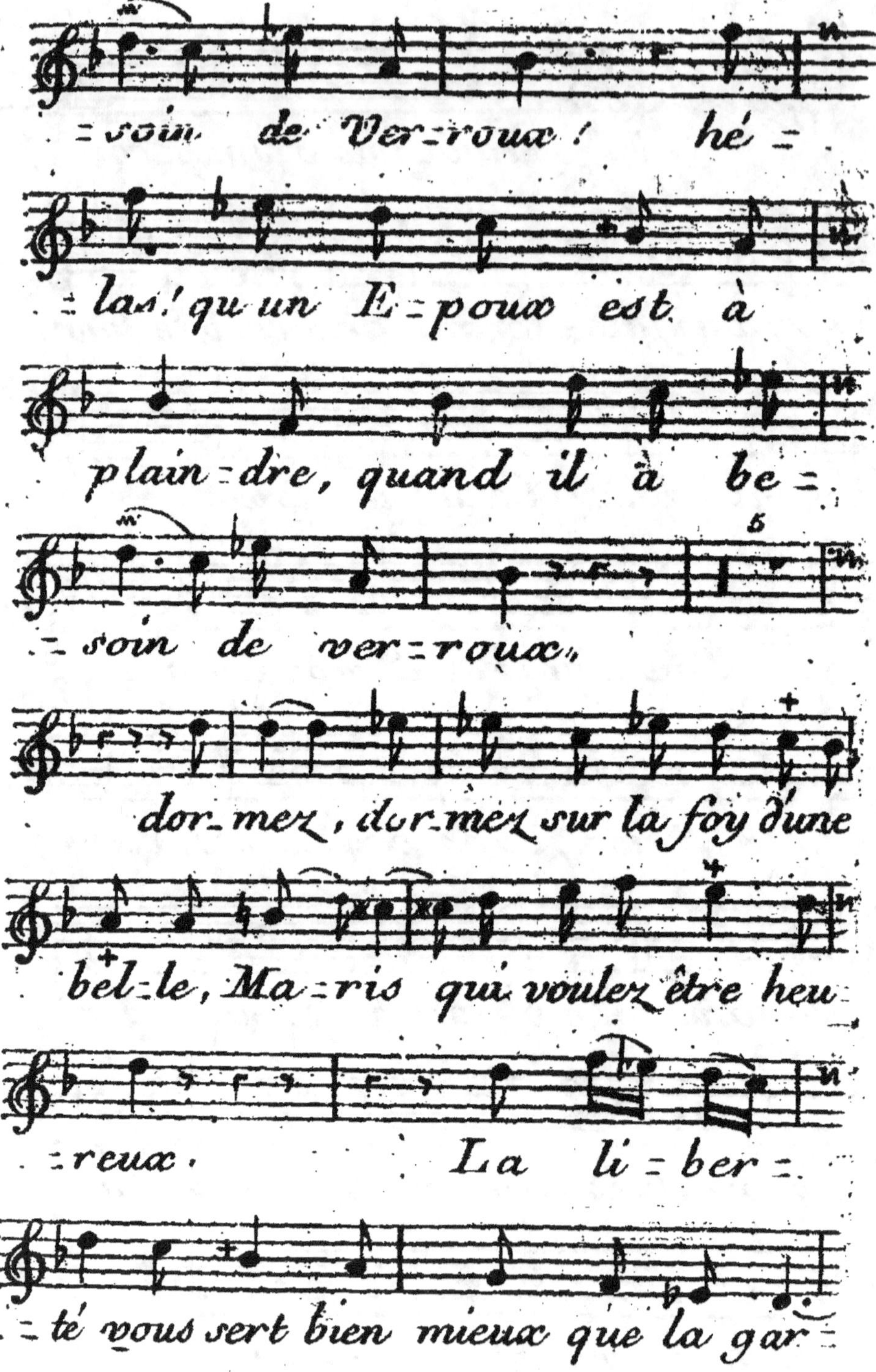
=soin de Ver=roux ! hé=
=las ! qu'un E=poux est à
plain=dre, quand il à be=
=soin de ver=roux.
dor_mez, dor_mez sur la foy d'une
bel=le, Ma=ris qui voulez être heu=
=reux. La li=ber=
=té vous sert bien mieux que la gar=

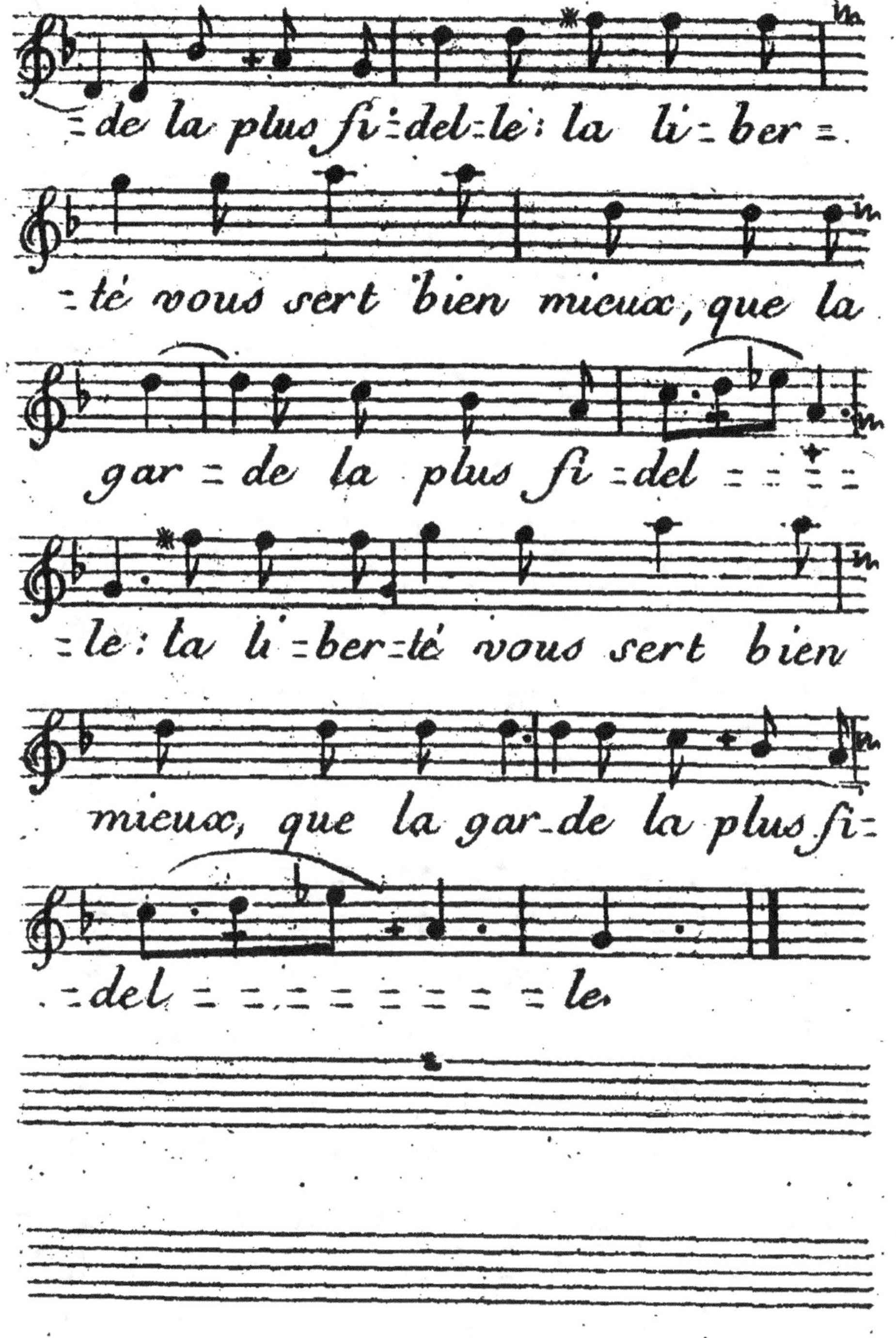
=de la plus fi=del=le: la li=ber=
=té vous sert bien mieux, que la
gar=de la plus fi=del = = = =
=le: la li=ber=té vous sert bien
mieux, que la gar_de la plus fi=
=del = = = = = = = = = = le.

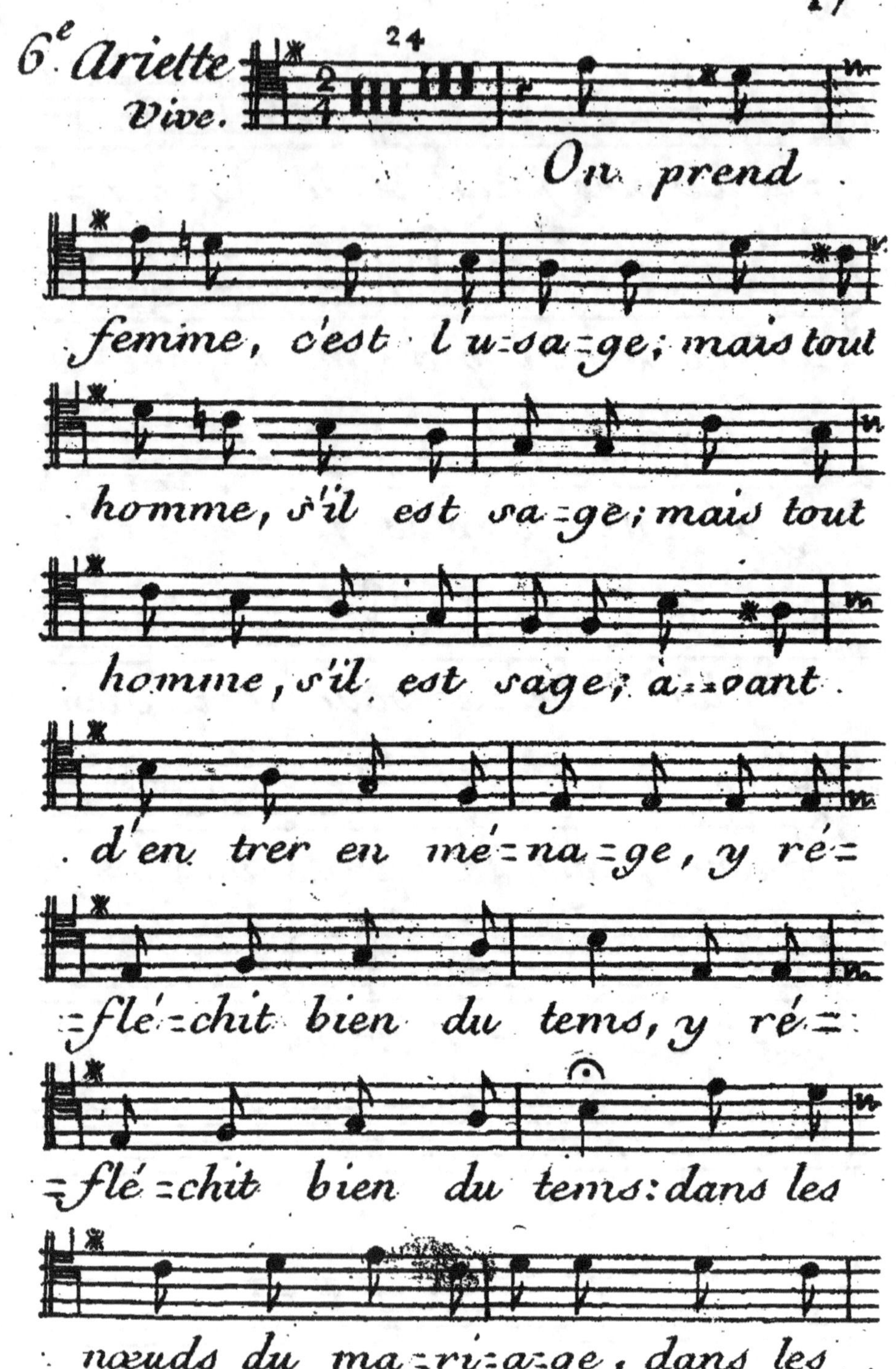
6.e Ariette
Vive.
24
On prend
femine, c'est l'u=sa=ge; mais tout
homme, s'il est sa=ge; mais tout
homme, s'il est sage; a=vant
d'en trer en mé=na=ge, y ré=
=flé=chit bien du tems, y ré=
=flé=chit bien du tems: dans les
nœuds du ma=ri=a=ge, dans les

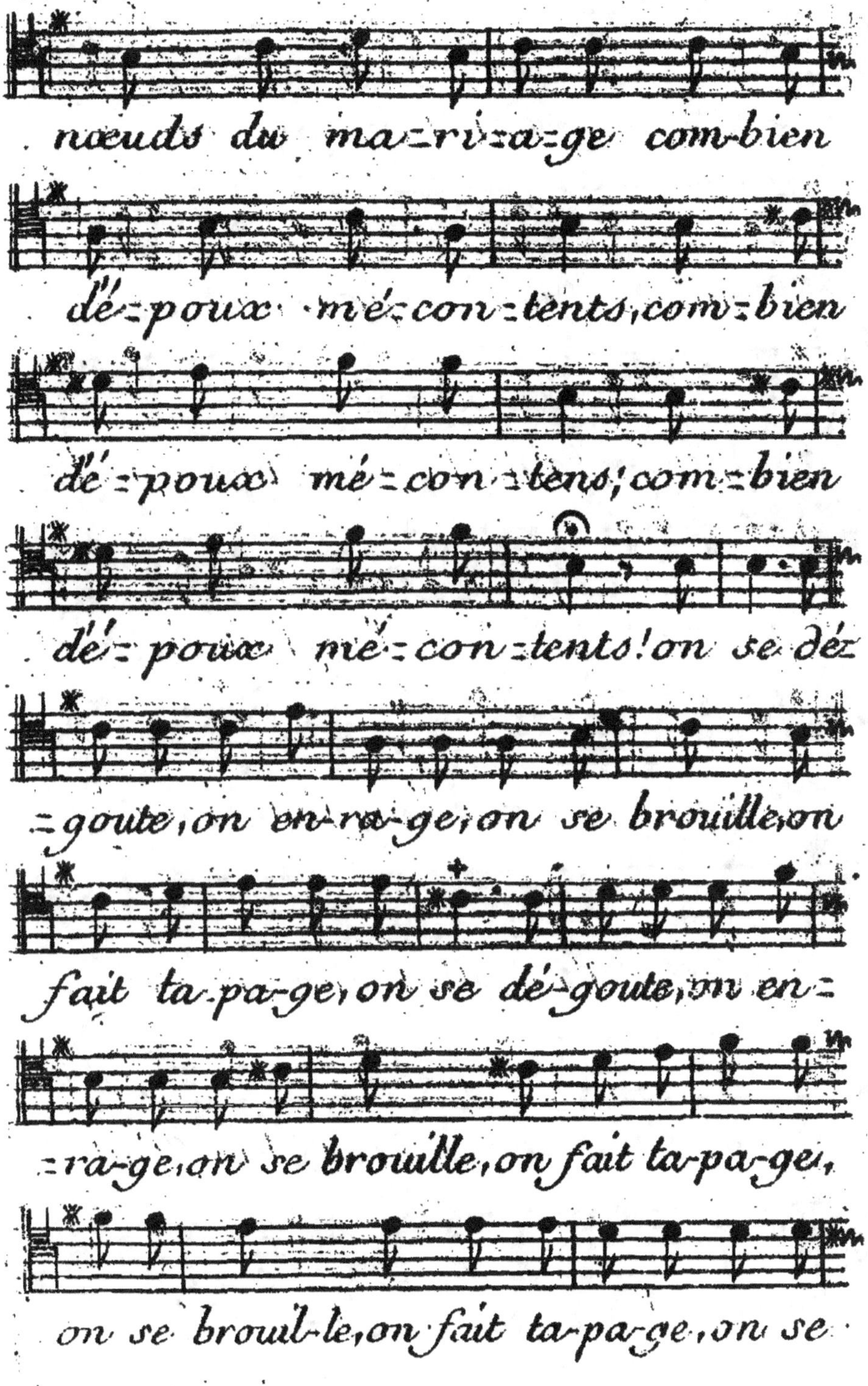
nœuds du ma=ri=a=ge com-bien
d'é=poux mé=con=tents, com=bien
d'é=poux mé=con=tens; com=bien
d'é=poux mé=con=tents! on se dé=
=goute, on en-ra-ge, on se brouille, on
fait ta-pa-ge, on se dé-goute, on en=
=ra-ge, on se brouille, on fait ta-pa-ge,
on se brouil-le, on fait ta-pa-ge, on se

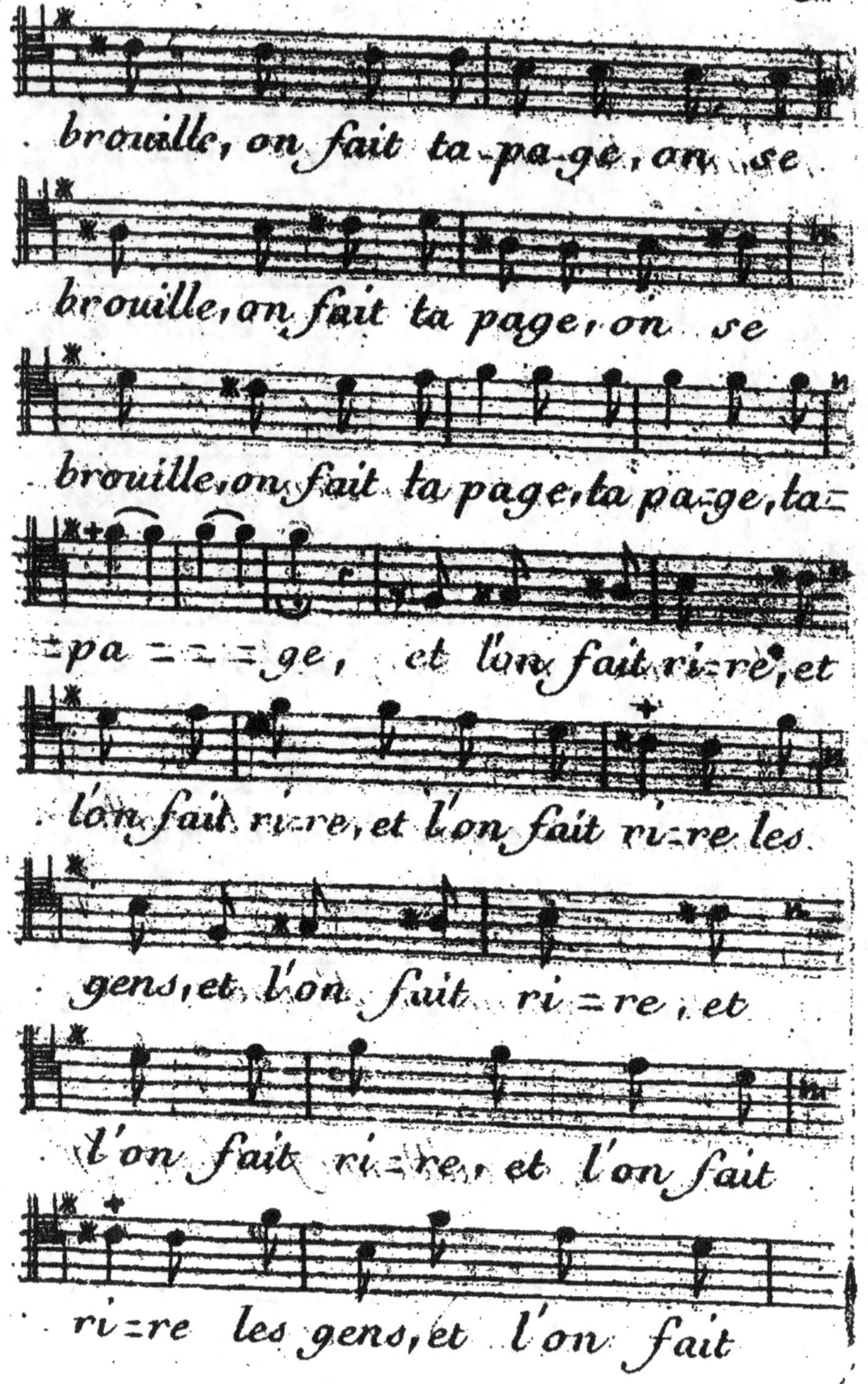
brouille, on fait ta-pa-ge, on se
brouille, on fait ta page, on se
brouille, on fait ta page, ta pa=ge, ta=
=pa = = = ge, et l'on fait ri=re, et
l'on fait ri=re, et l'on fait ri=re les
gens, et l'on fait ri=re, et
l'on fait ri=re, et l'on fait
ri=re les gens, et l'on fait

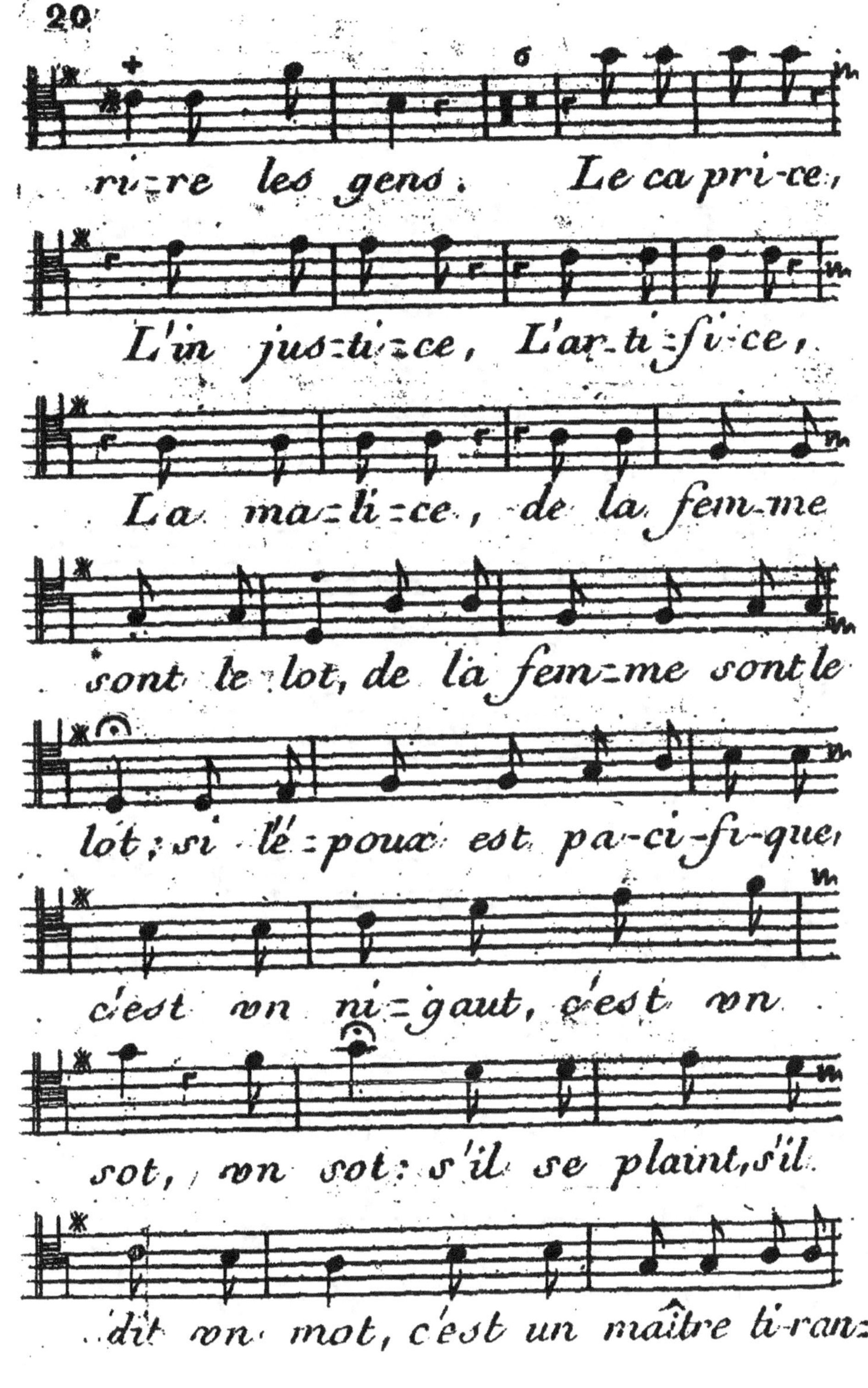
ri=re les gens. Le ca pri-ce,
L'in jus=ti=ce, L'ar-ti=fi-ce,
La ma=li=ce, de la fem-me
sont le lot, de la fem=me sont le
lot; si l'é=poux est pa-ci-fi-que,
c'est un ni=gaut, c'est un
sot, un sot: s'il se plaint, s'il
dit un mot, c'est un maître ti-ran=

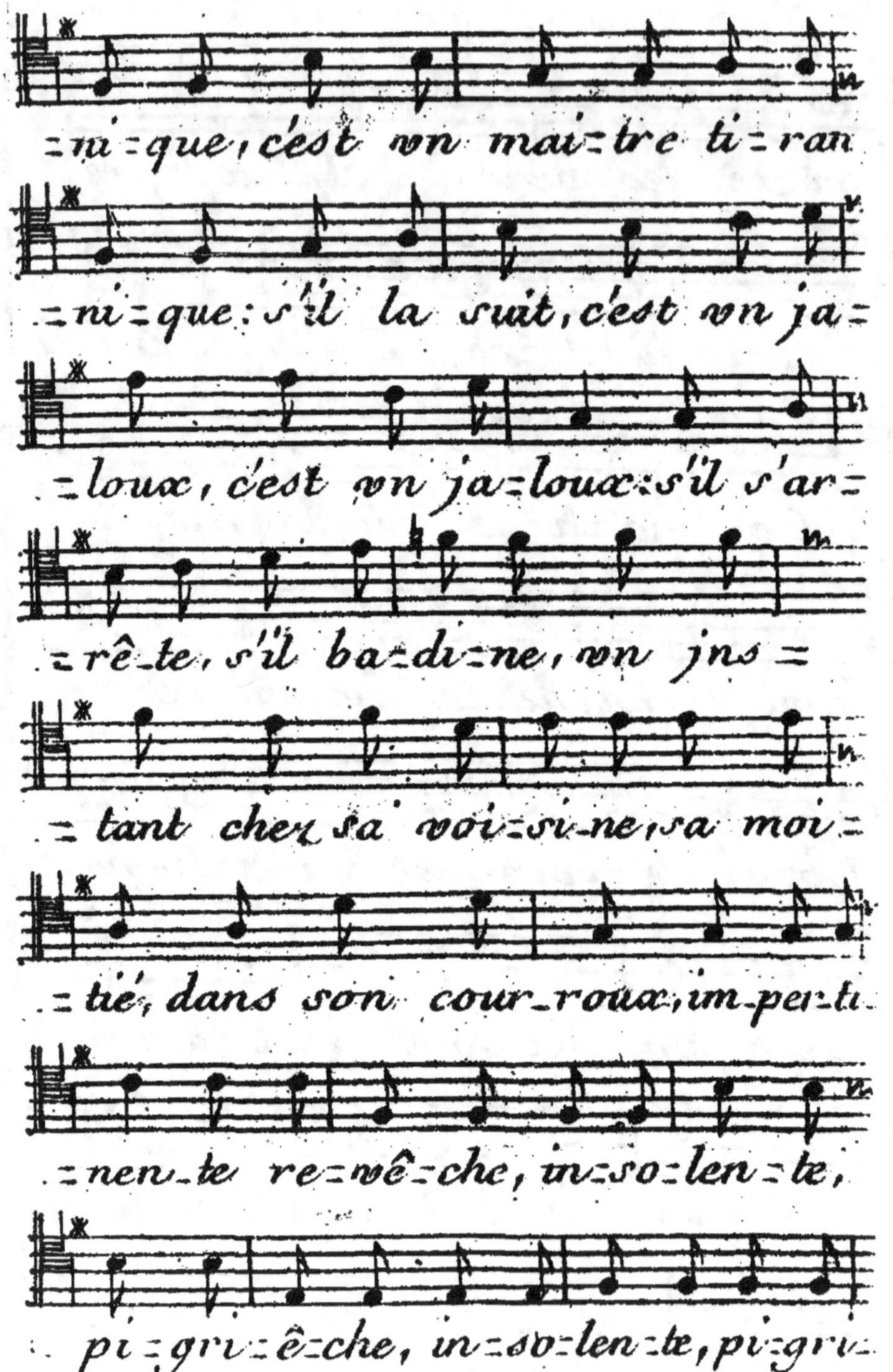
=ni=que, c'est vn mai=tre ti=ran
=ni=que: s'il la suit, c'est vn ja=
=loux, c'est vn ja=loux: s'il s'ar=
=rê-te, s'il ba=di=ne, vn jns=
=tant chez sa voi=si-ne, sa moi=
=tié, dans son cour-roux, im-per-ti-
=nen-te re=vê=che, in=so=len=te,
pi=gri=ê=che, in=so=len=te, pi=gri=

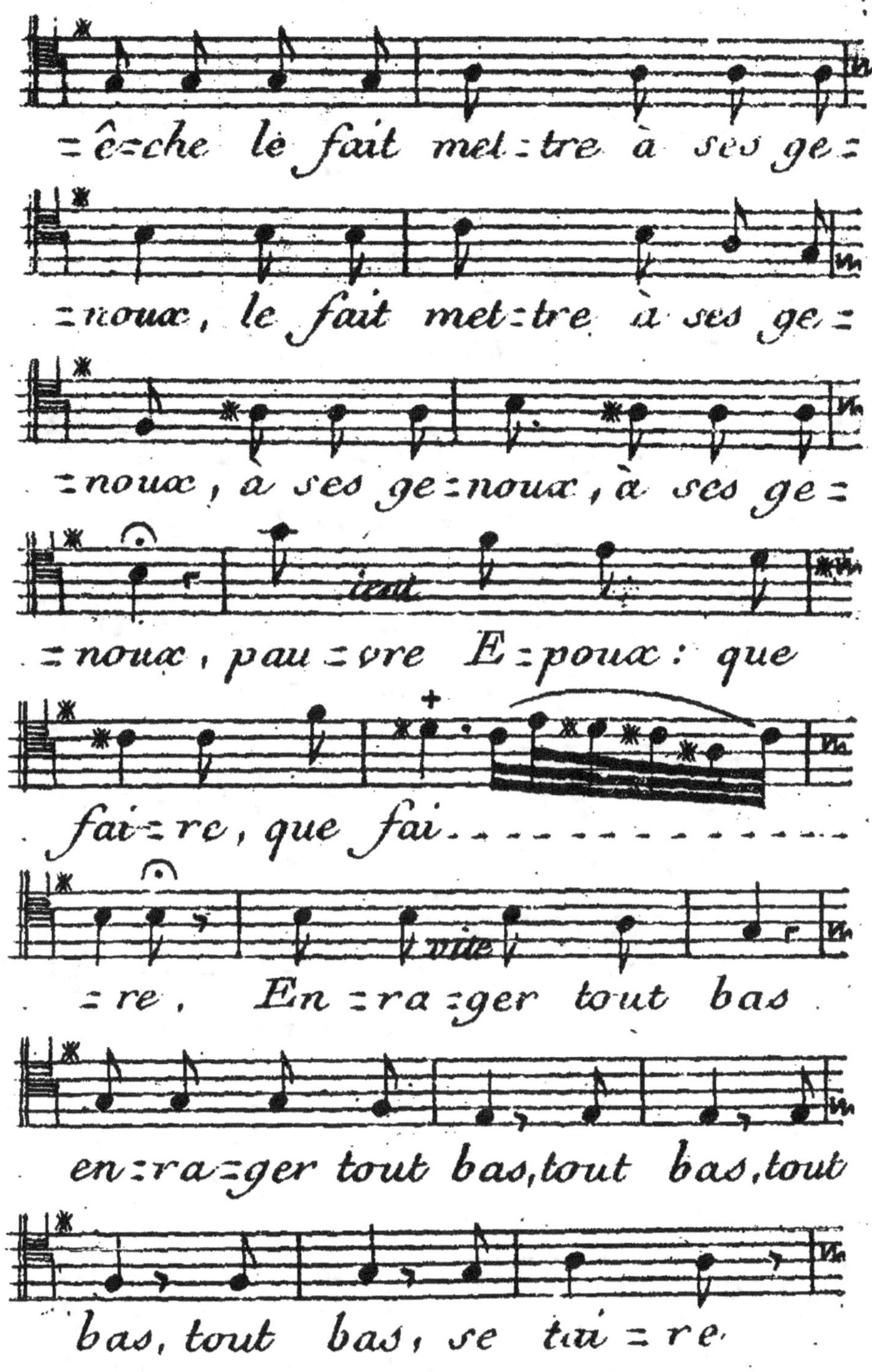
=ê=che lè fait met=tre à ses ge=
=noux, le fait met=tre à ses ge=
=noux, à ses ge=noux, à ses ge=
=noux, pau=vre E=poux: que
fai=re, que fai- - - - - - - - - - -
=re, En=ra=ger tout bas
vite
en=ra=ger tout bas, tout bas, tout
bas, tout bas, se tai=re.

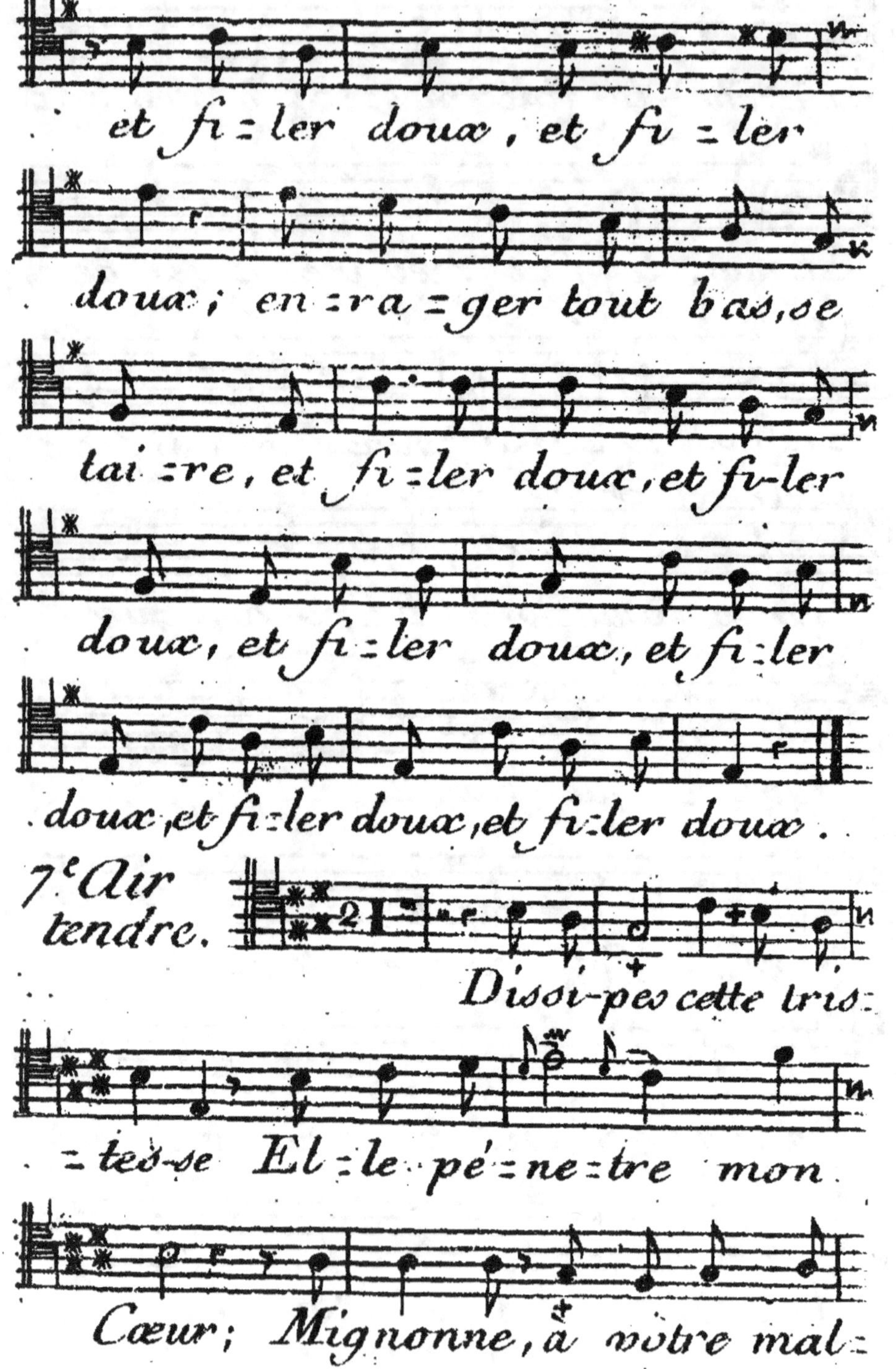
et fi=ler doux, et fi=ler
doux; en=ra=ger tout bas, se
tai=re, et fi=ler doux, et fi-ler
doux, et fi=ler doux, et fi=ler
doux, et fi=ler doux, et fi=ler doux.
7e Air tendre.
Dissi-pes cette tris=
=tes-se El=le pé=ne=tre mon
Cœur; Mignonne, à votre mal=

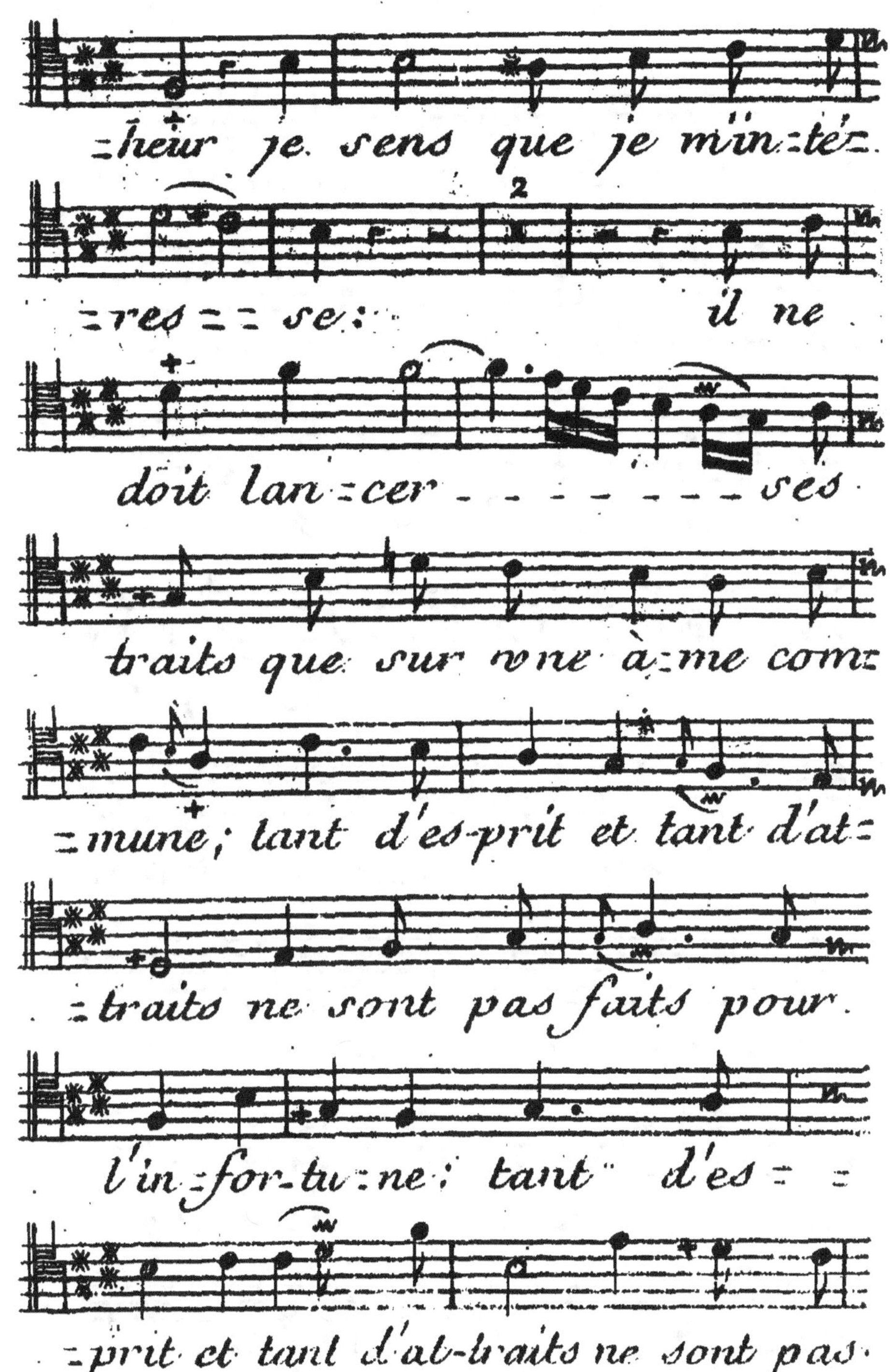
=heur je sens que je m'in=té=
=res== se: il ne
doit lan=cer - - - - - - - - - ses
traits que sur vne a=me com=
=mune; tant d'es-prit et tant d'at=
=traits ne sont pas faits pour
l'in=for-tu=ne: tant d'es= =
=prit et tant d'at-traits ne sont pas

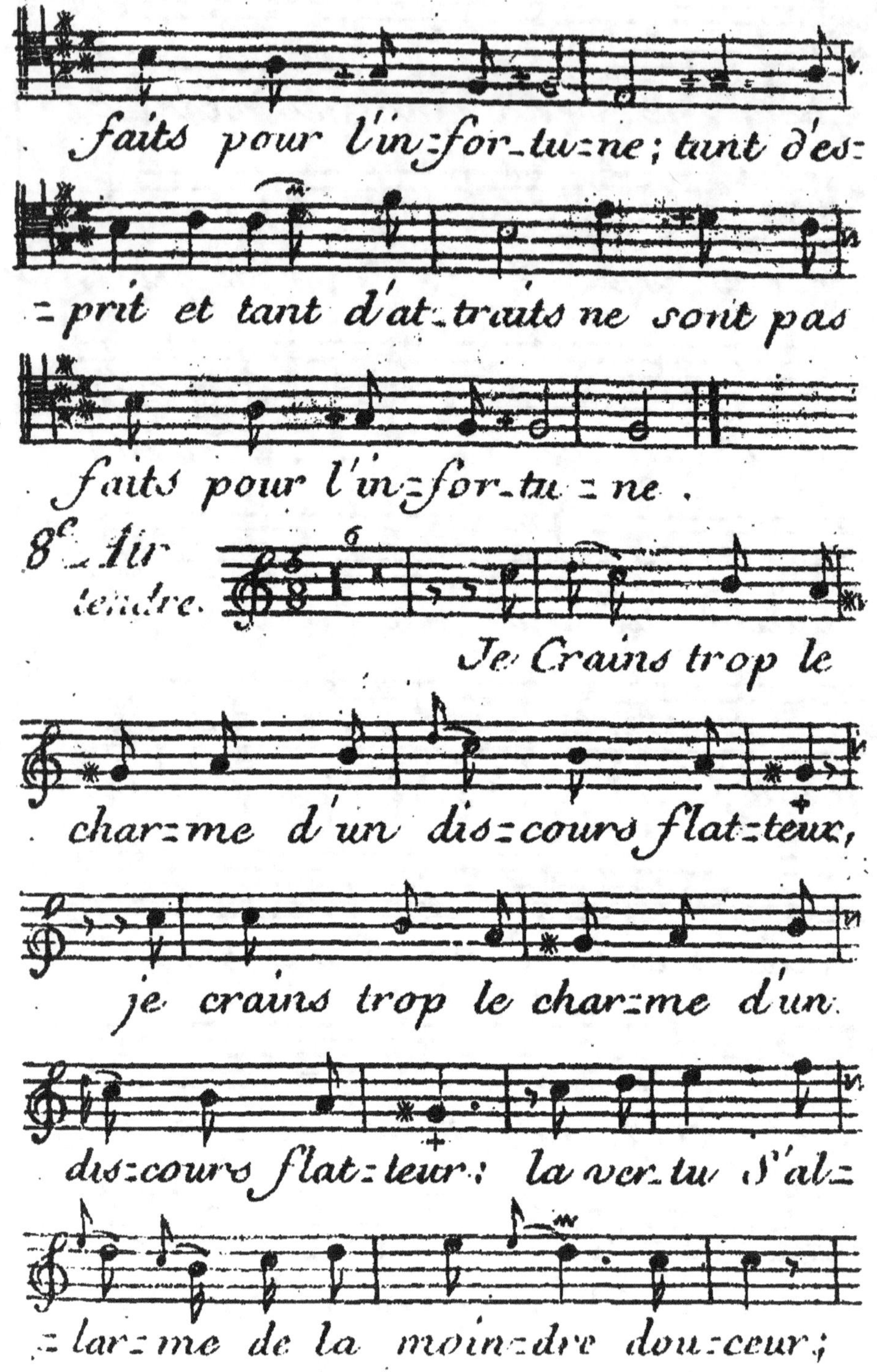
faits pour l'in=for_tu=ne; tant d'es=
=prit et tant d'at_traits ne sont pas
faits pour l'in=for_tu=ne.
8e_Air
tendre.
Je Crains trop le
char=me d'un dis=cours flat=teux,
je crains trop le char=me d'un
dis=cours flat=teur: la ver_tu s'al=
=lar=me de la moin=dre dou=ceur;

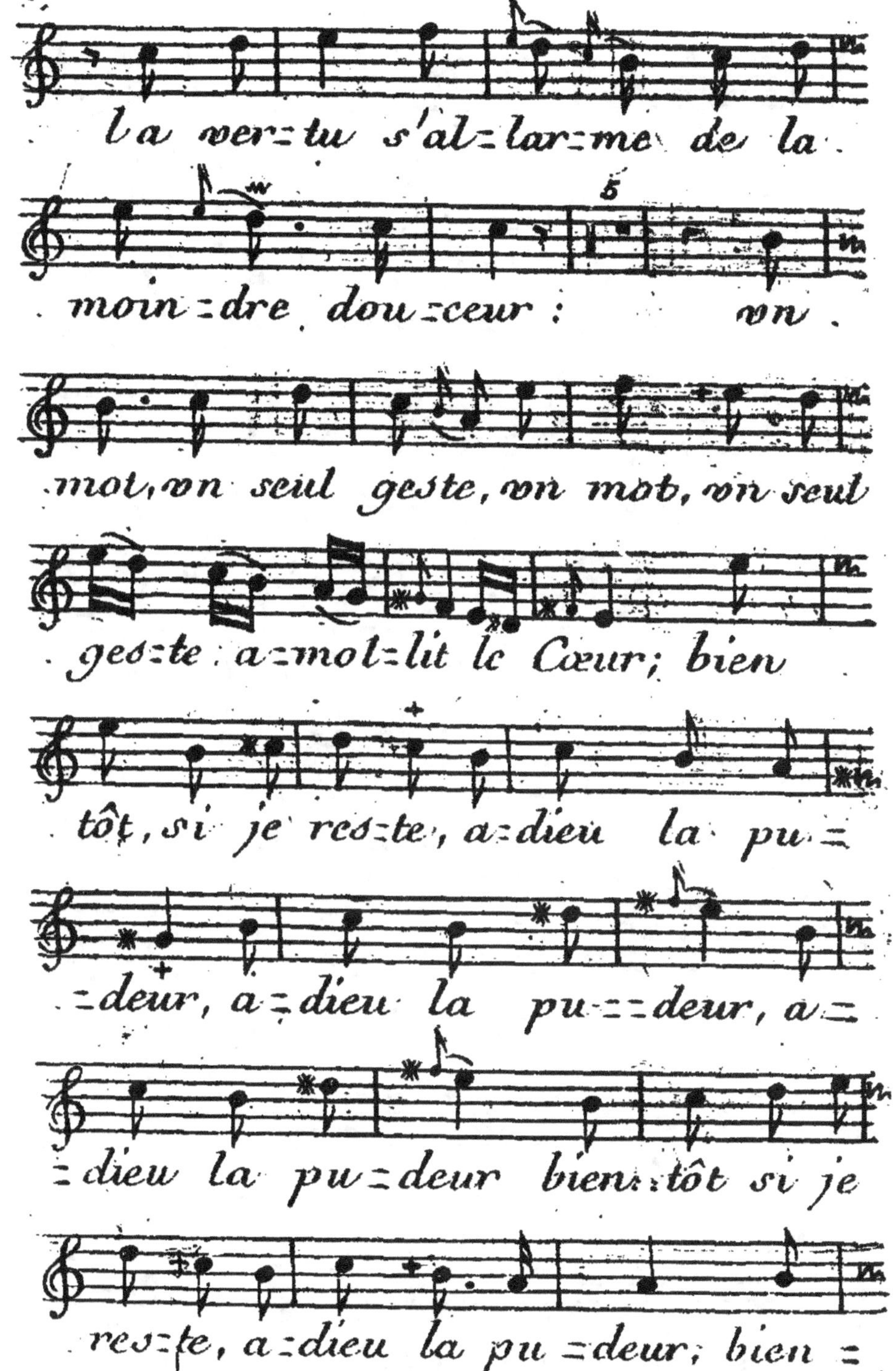
la ver=tu s'al=lar=me de la
moin=dre dou=ceur : vn
mot, vn seul geste, vn mot, vn seul
ges=te a=mol=lit le Cœur; bien
tôt, si je res=te, a=dieu la pu=
=deur, a=dieu la pu==deur, a=
=dieu la pu=deur bien=tôt si je
res=te, a=dieu la pu=deur; bien =

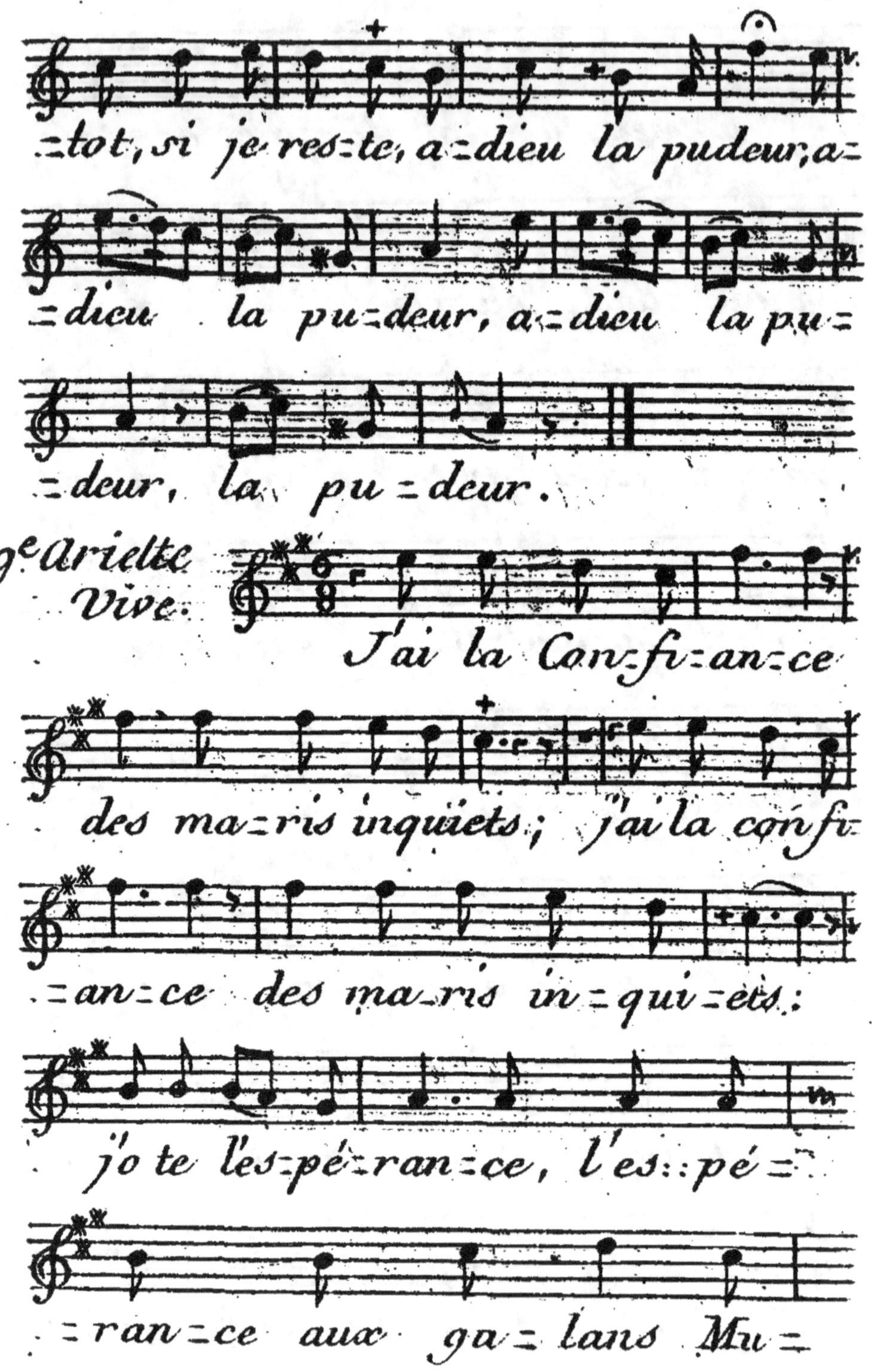
=tot, si je res=te, a=dieu la pudeur, a=
=dieu la pu=deur, a=dieu la pu=
=deur, la pu=deur.
9e Ariette
Vive.
J'ai la Con=fi=an=ce
des ma=ris inquiets; j'ai la con=fi=
=an=ce des ma=ris in=qui=ets:
j'o te l'es=pé=ran=ce, l'es=pé=
=ran=ce aux ga=lans Mu=

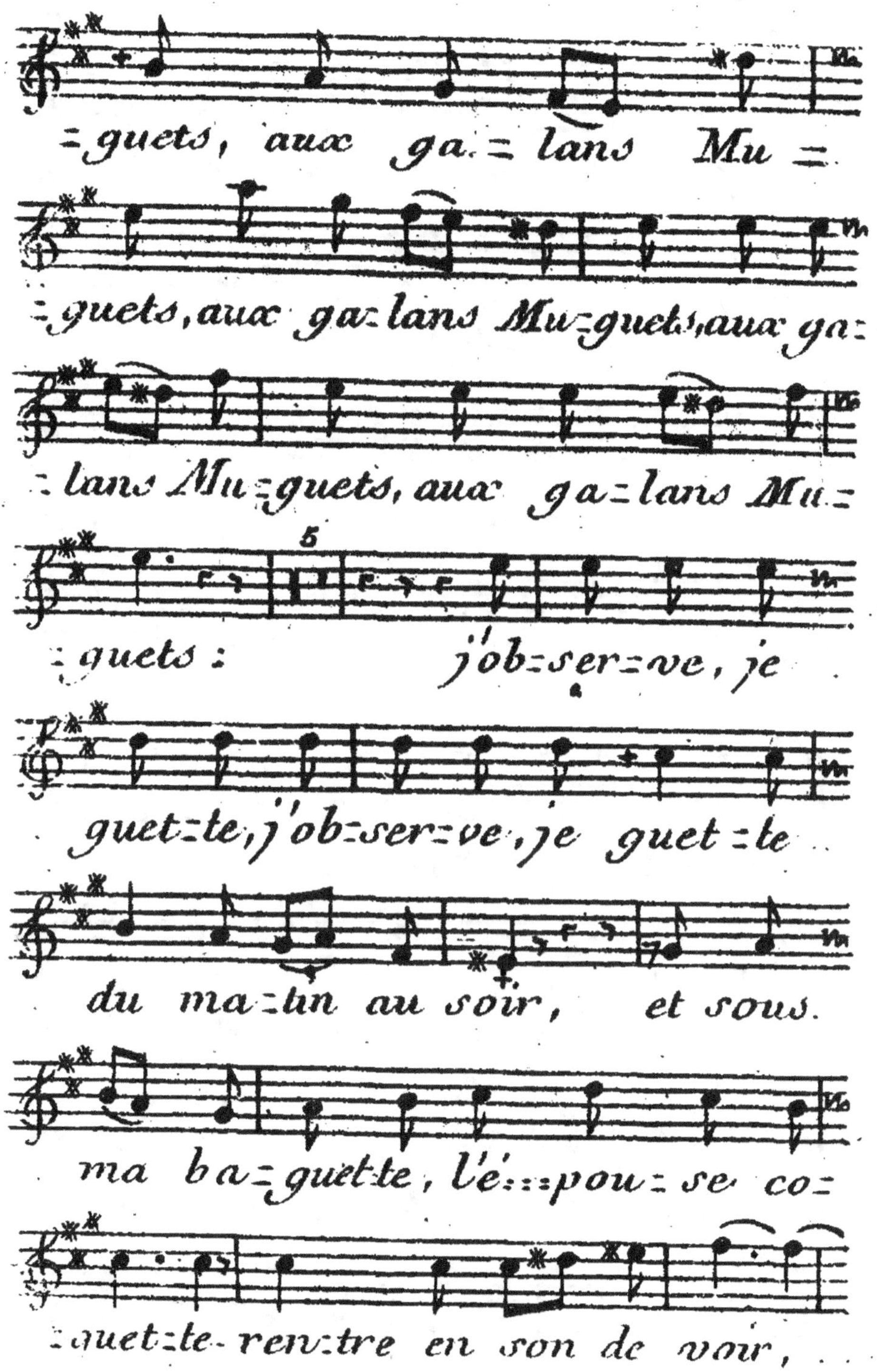

-guets, aux ga-lans Mu-
-guets, aux ga-lans Mu-guets, aux ga-
-lans Mu-guets, aux ga-lans Mu-
-guets: j'ob-ser-ve, je
guet-te, j'ob-ser-ve, je guet-te
du ma-tin au soir, et sous
ma ba-guet-te, l'é-pou-se co-
-quet-te-ren-tre en son de-voir,

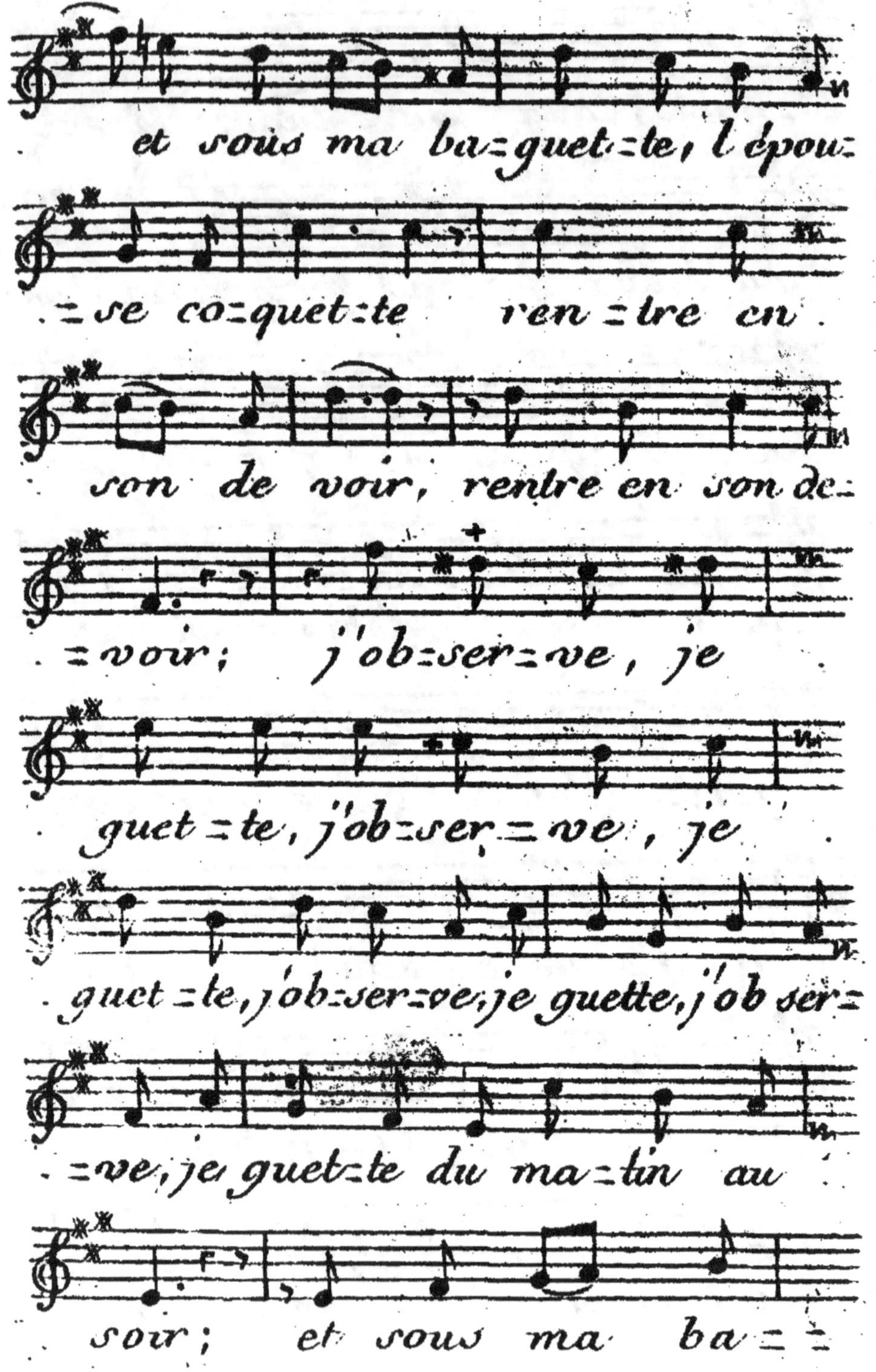
et sous ma ba=guet=te, l'épou=
=se co=quet=te ren=tre en
son de voir, rentre en son de=
=voir; j'ob=ser=ve, je
guet=te, j'ob=ser=ve, je
guet=te, j'ob=ser=ve, je guette, j'ob ser=
=ve, je guet=te du ma=tin au
soir; et sous ma ba=

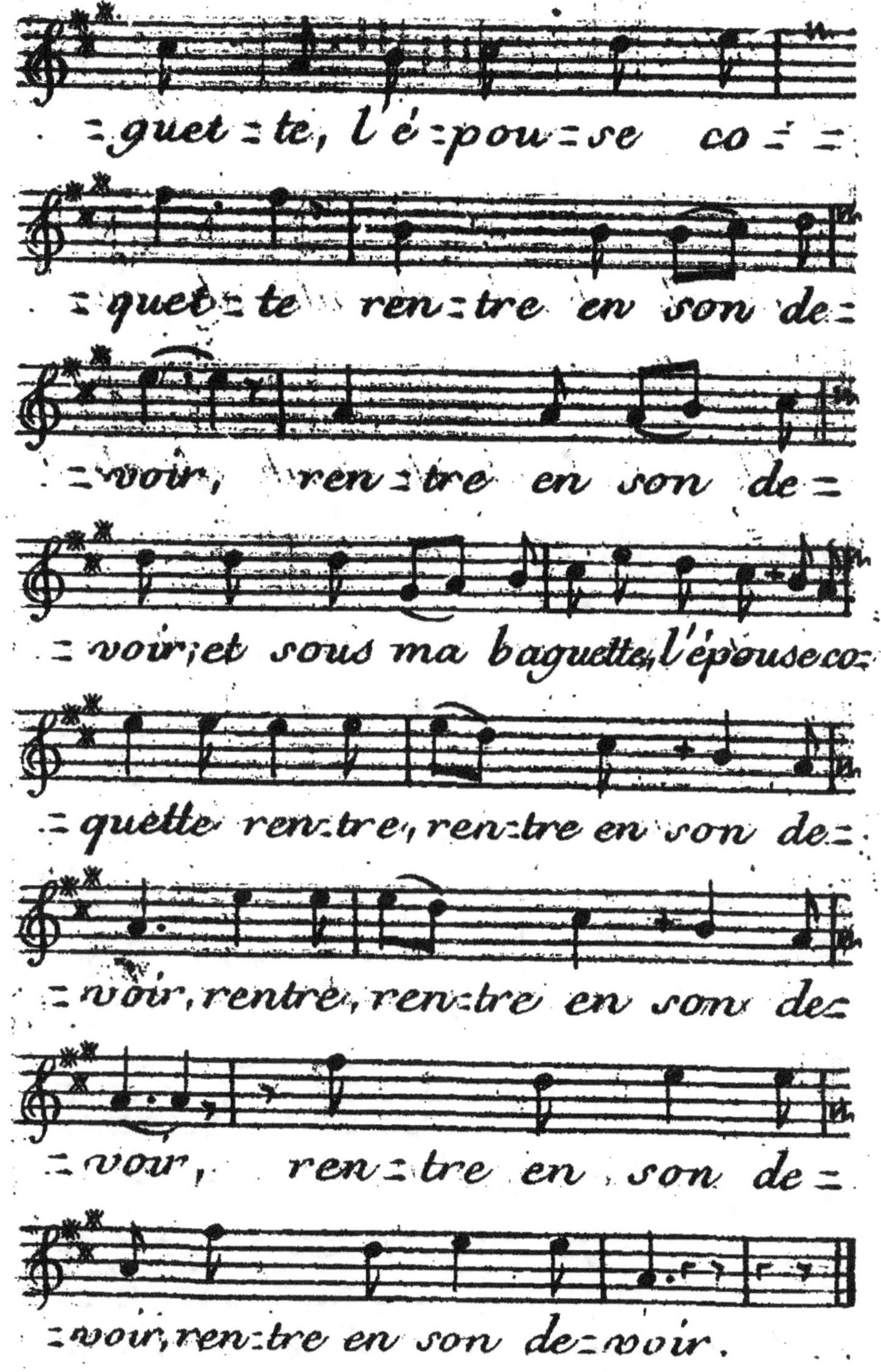
guet-te, l'é-pou-se co-
quet-te ren-tre en son de-
voir, ren-tre en son de-
voir; et sous ma baguette, l'épouse co-
quette ren-tre, ren-tre en son de-
voir, rentre, ren-tre en son de-
voir, ren-tre en son de-
voir, ren-tre en son de-voir.

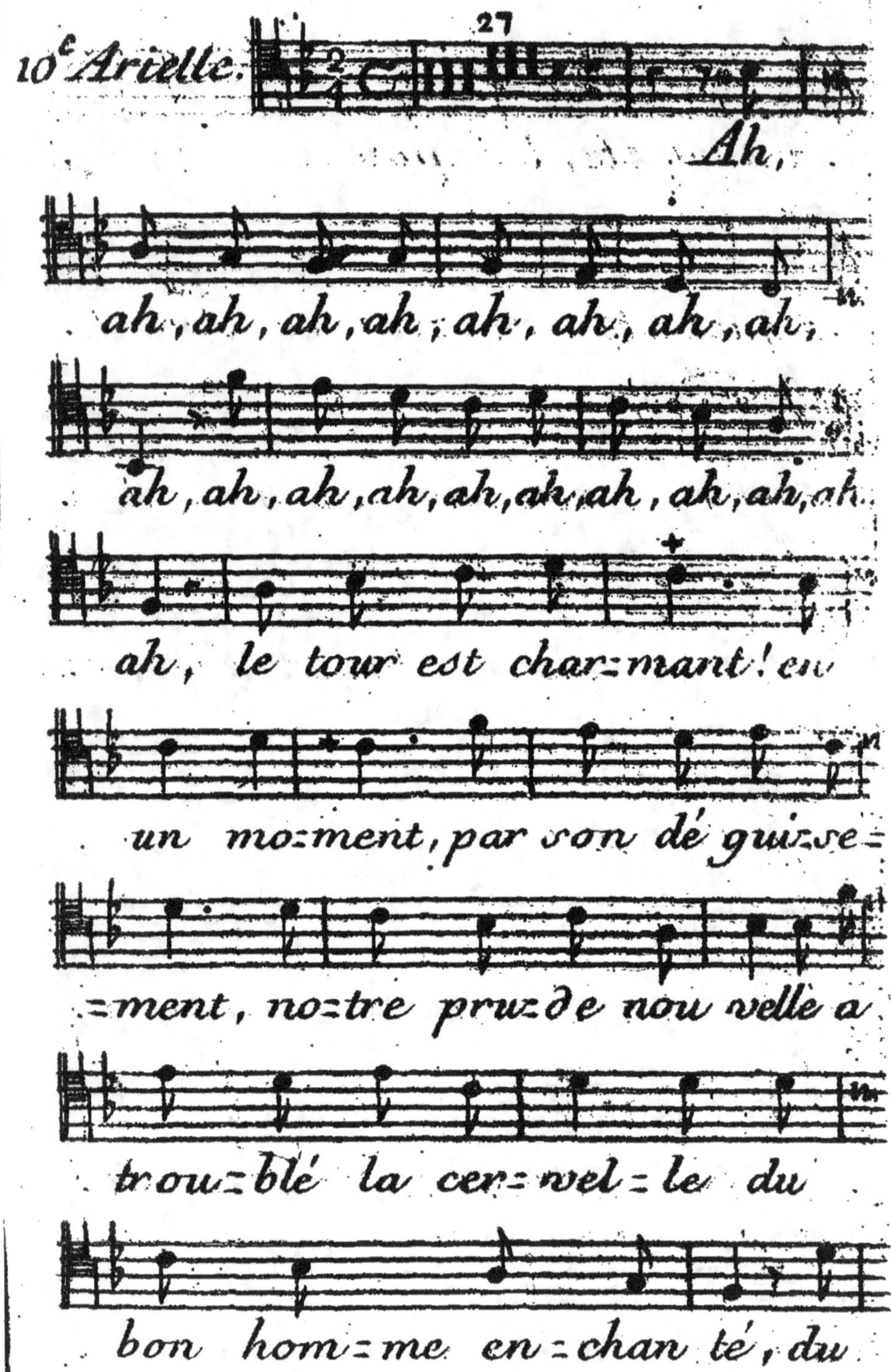
27
10e Arielle.
Ah,
ah, ah, ah, ah, ah, ah, ah, ah,
ah, ah, ah, ah, ah, ah, ah, ah, ah, ah
ah, le tour est char=mant! en
un mo=ment, par son dé gui=se=
=ment, no=tre pru=de nou velle a
trou=blé la cer=vel=le du
bon hom=me en=chan té, du

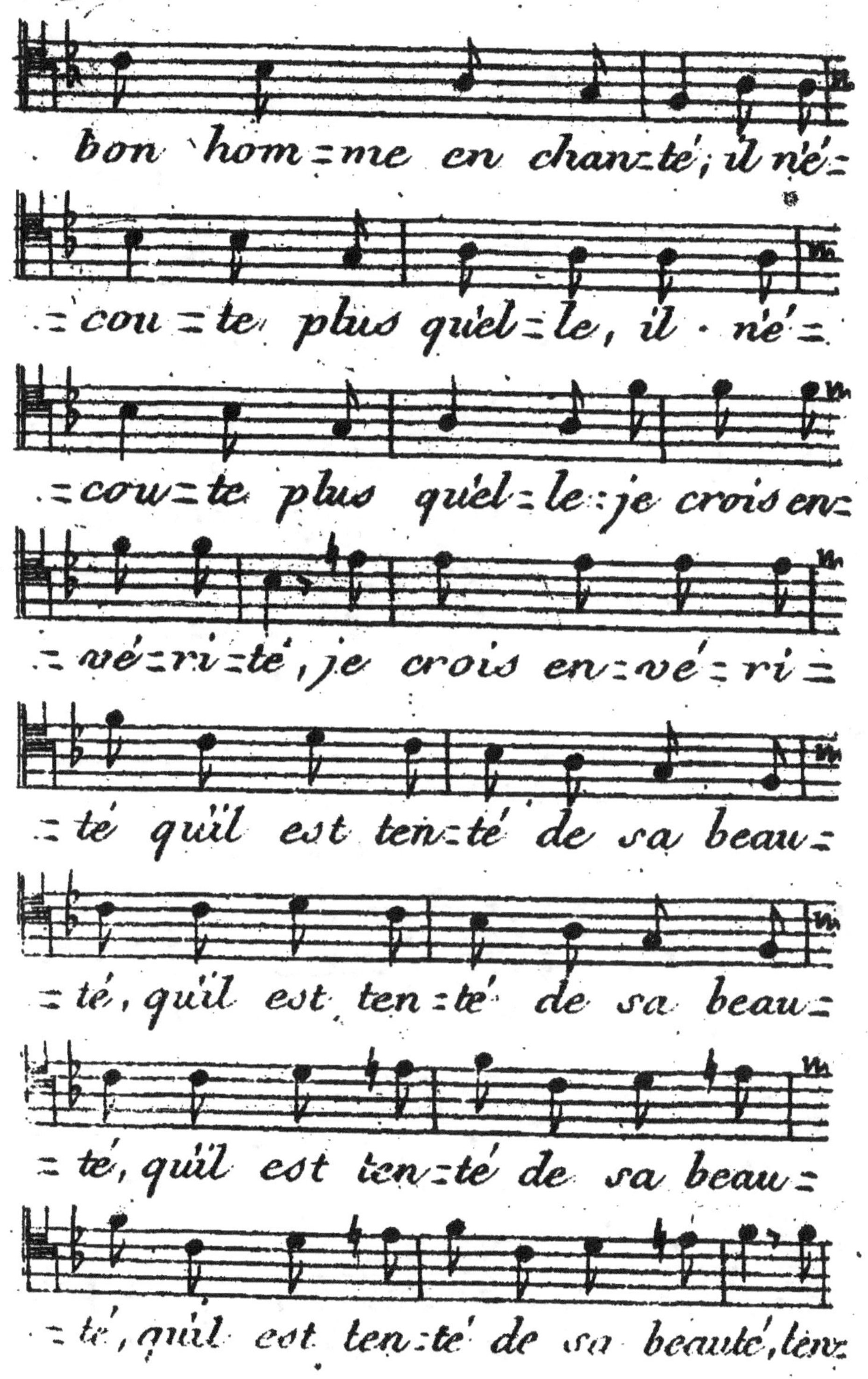
bon hom=me en chan=té; il n'é=
=cou=te plus qu'el=le, il n'é=
=cou=te plus qu'el=le: je crois en=
=vé=ri=té, je crois en=vé=ri=
=té qu'il est ten=té de sa beau=
=té, qu'il est ten=té de sa beau=
=té, qu'il est ten=té de sa beau=
=té, qu'il est ten=té de sa beauté, ten=

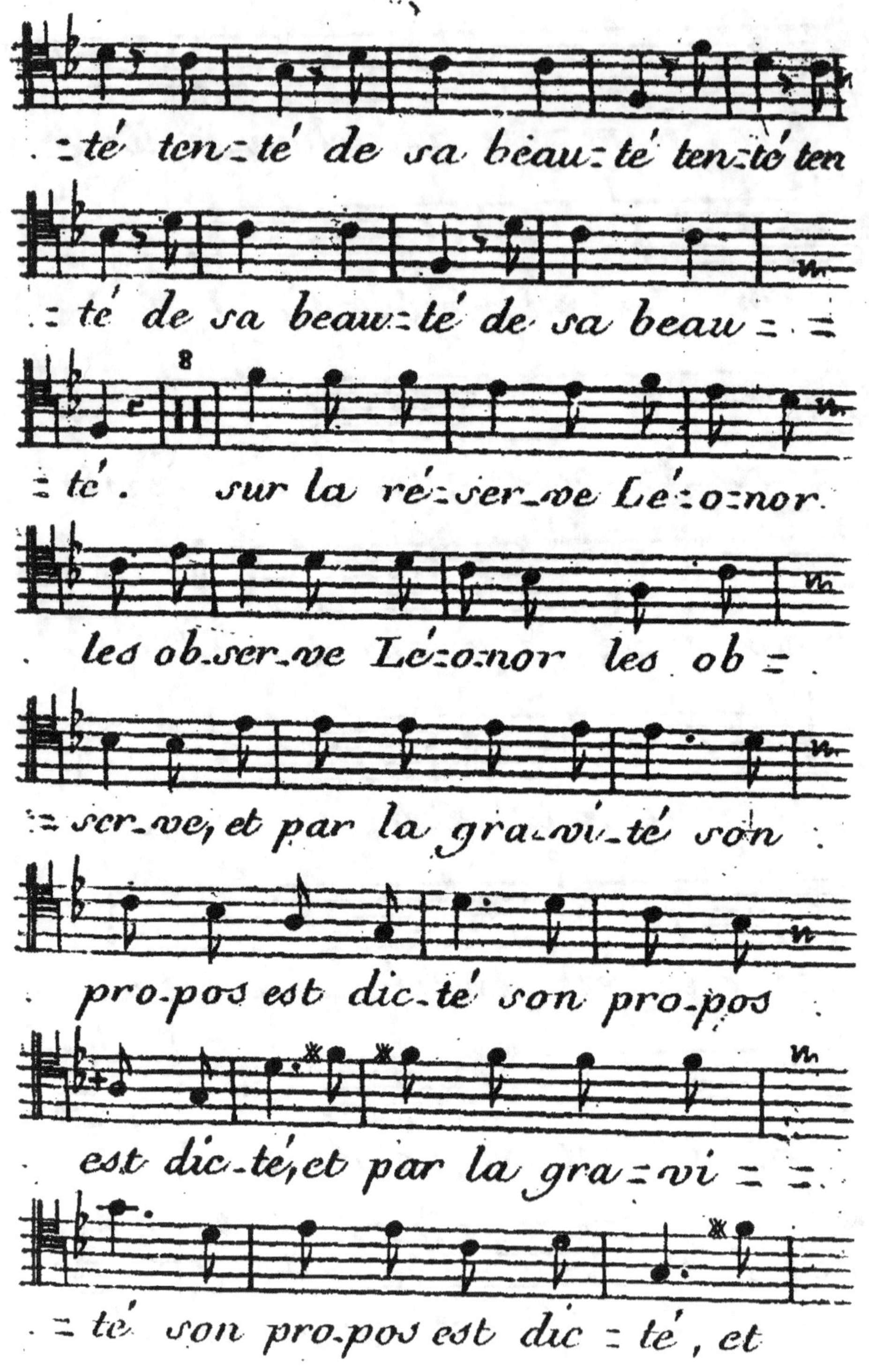
-té ten-té de sa beau-té ten-té ten
-té de sa beau-té de sa beau-
-té. sur la ré-ser-ve Lé-o-nor
les ob-ser-ve Lé-o-nor les ob-
-ser-ve, et par la gra-vi-té son
pro-pos est dic-té son pro-pos
est dic-té, et par la gra-vi-
-té son pro-pos est dic-té, et

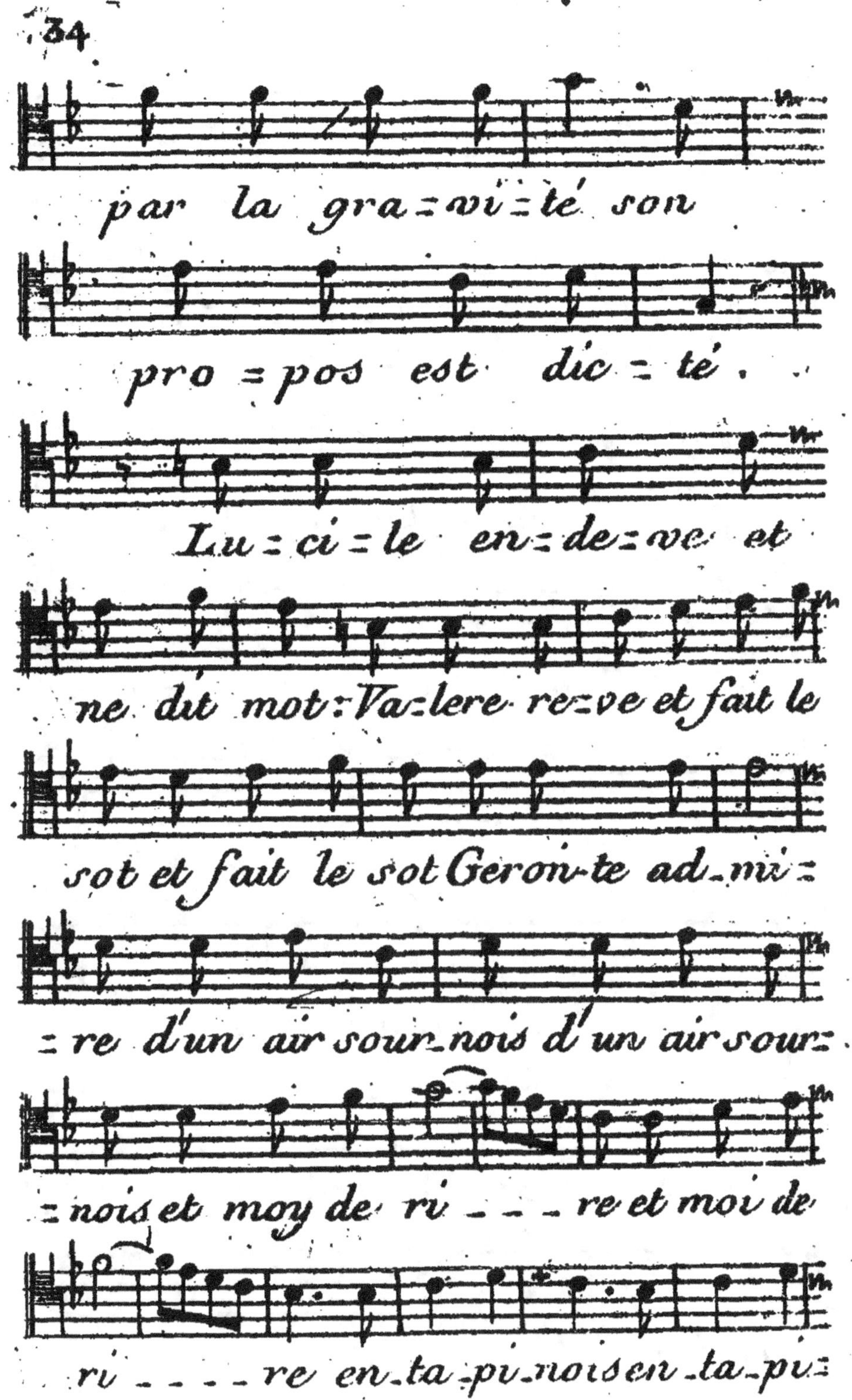
par la gra=vi=té son
pro=pos est dic=té.
Lu=ci=le en=de=ve et
ne dit mot: Va=lere re=ve et fait le
sot et fait le sot Geron-te ad_mi=
=re d'un air sour_nois d'un air sour=
=nois et moy de ri - - - re et moi de
ri - - - - re en_ta_pi_nois en_ta_pi=

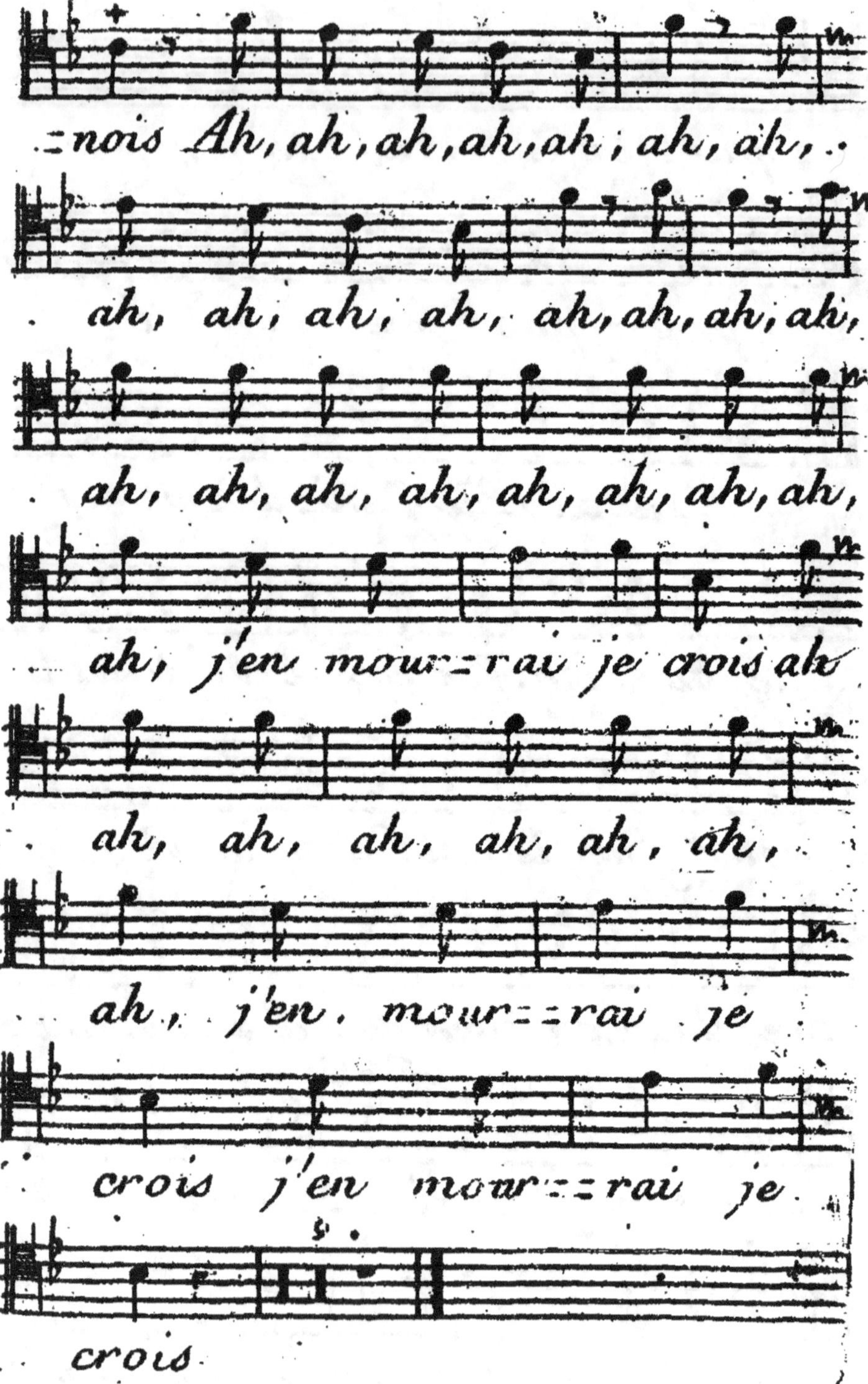
=nois Ah, ah, ah, ah, ah; ah, ah,
ah, ah, ah, ah, ah, ah, ah, ah,
ah, ah, ah, ah, ah, ah, ah, ah,
ah, j'en mour=rai je crois ah
ah, ah, ah, ah, ah, ah,
ah, j'en mour==rai je
crois j'en mour==rai je
crois

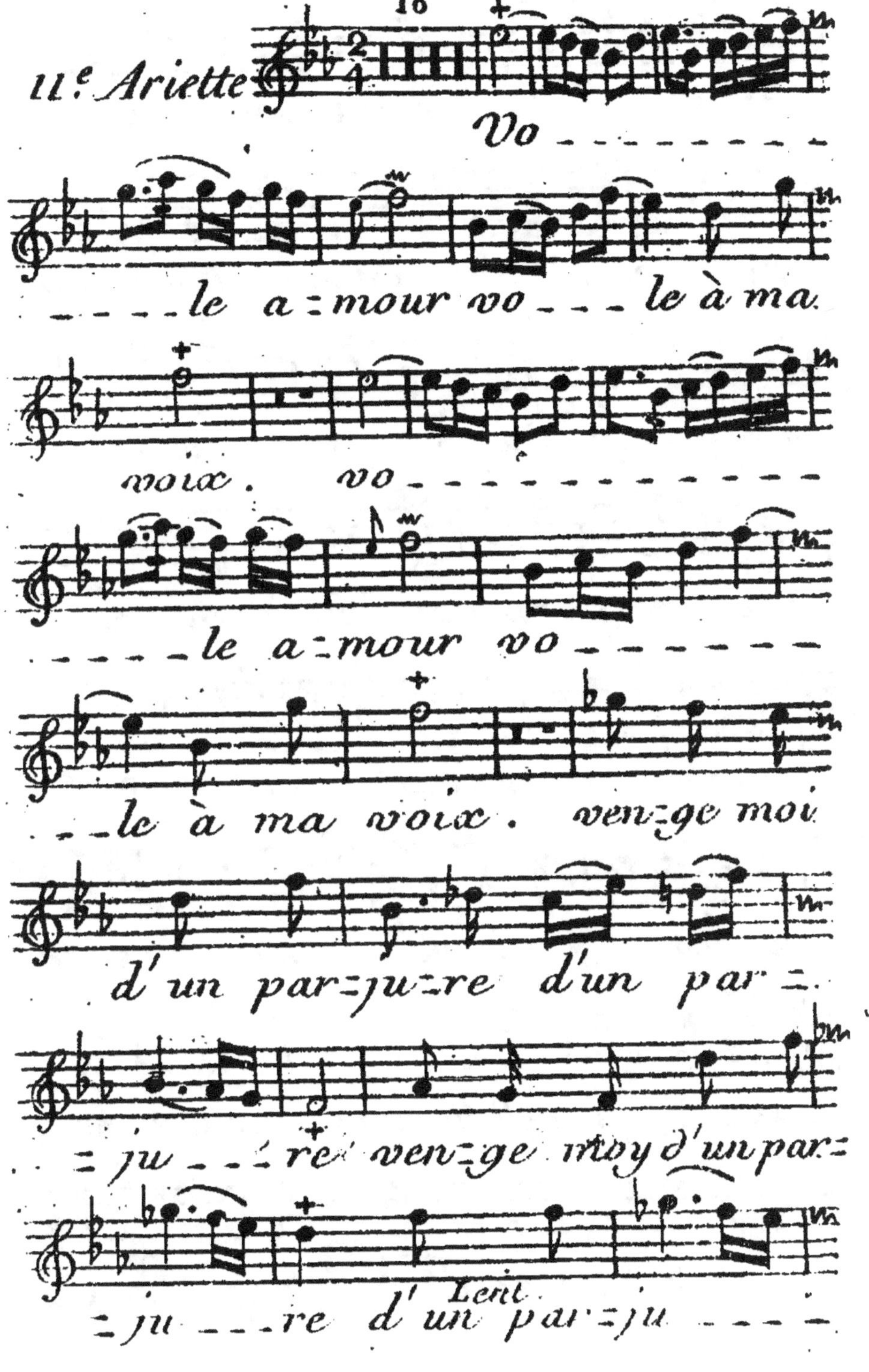
11e Ariette
16
Vo - - - - - - - -
- - - - le a-mour vo - - - le à ma
voix. vo - - - - - - - - -
- - - - le a-mour vo - - - - - -
- - le à ma voix. ven-ge moi
d'un par-ju-re d'un par-
-ju - - re ven-ge moy d'un par-
Lent
-ju - - - re d'un par-ju - - - -

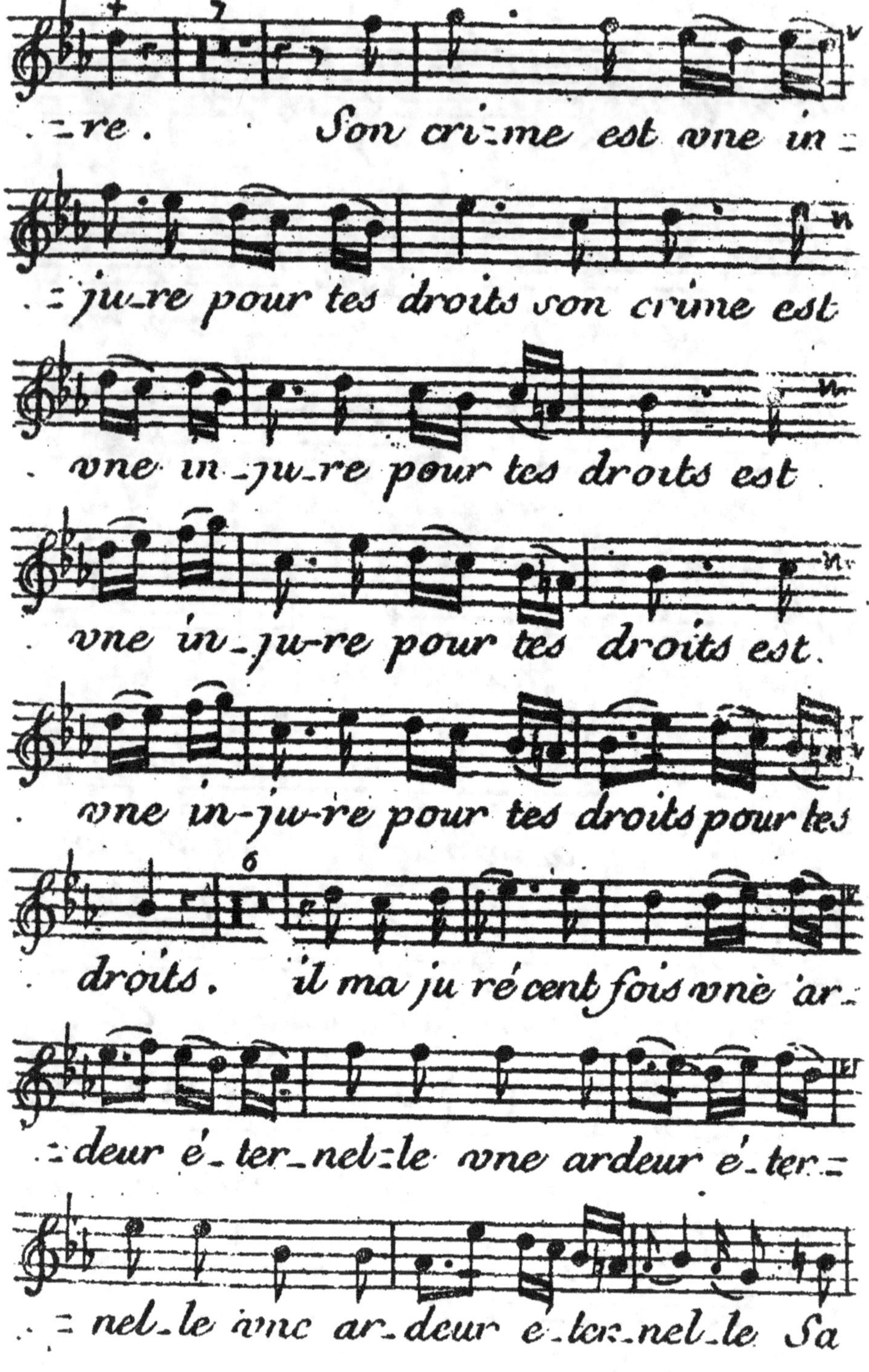
-re. Son cri-me est vne in-
-ju-re pour tes droits son crime est
vne in-ju-re pour tes droits est
vne in-ju-re pour tes droits est.
vne in-ju-re pour tes droits pour tes
droits. il ma ju ré cent fois vne ar-
-deur é-ter-nel-le vne ardeur é-ter-
-nel-le vne ar-deur é-ter-nel-le Sa

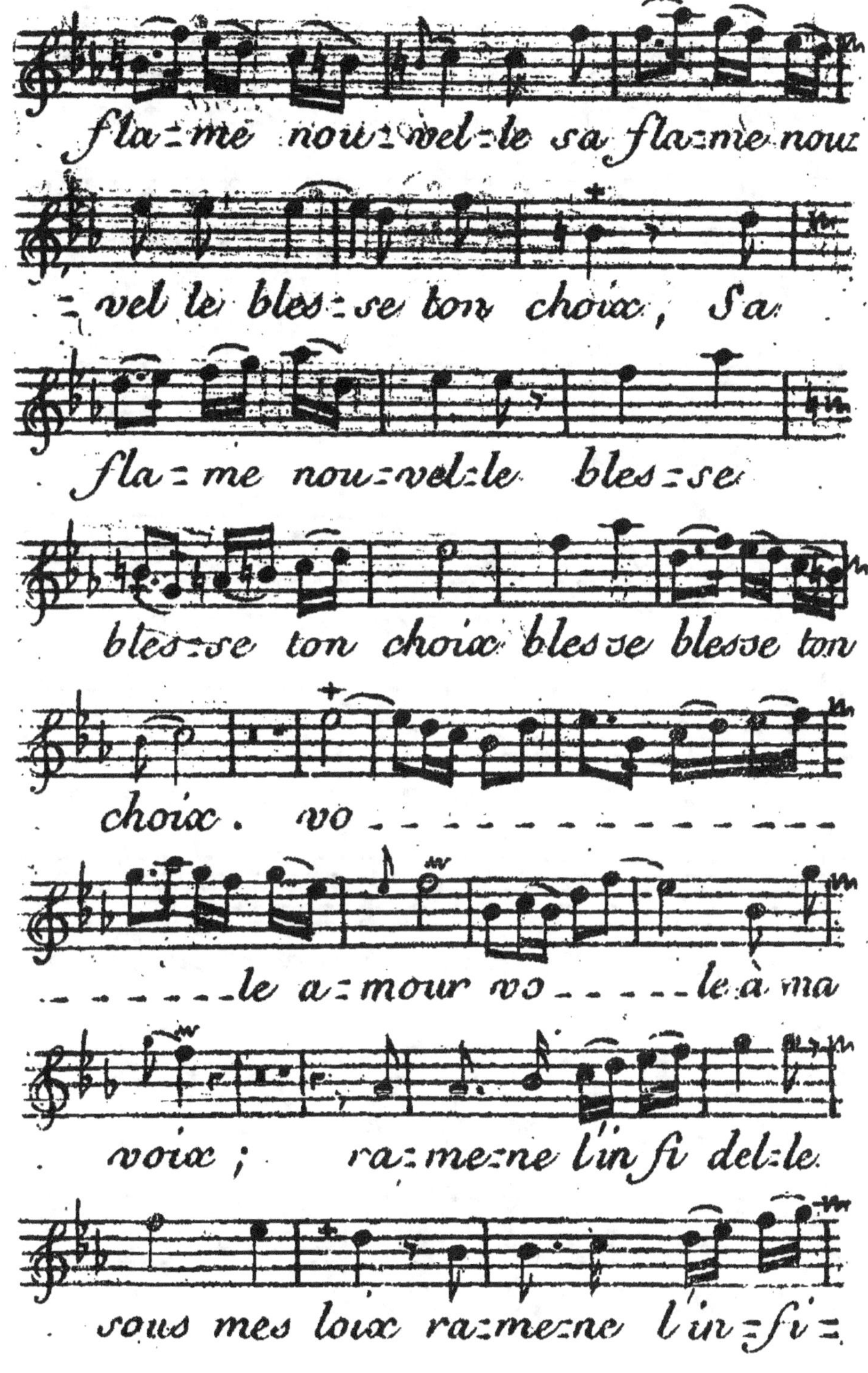
fla=me nou=vel=le sa fla=me nou=
=vel le bles=se ton choix, Sa=
fla=me nou=vel=le bles=se
bles=se ton choix blesse blesse ton
choix. vo - - - - - - - - - - - - -
- - - - - -le a=mour vo- - - - - -le à ma
voix ; ra=me=ne l'in fi del=le
sous mes loix ra=me=ne l'in=fi=

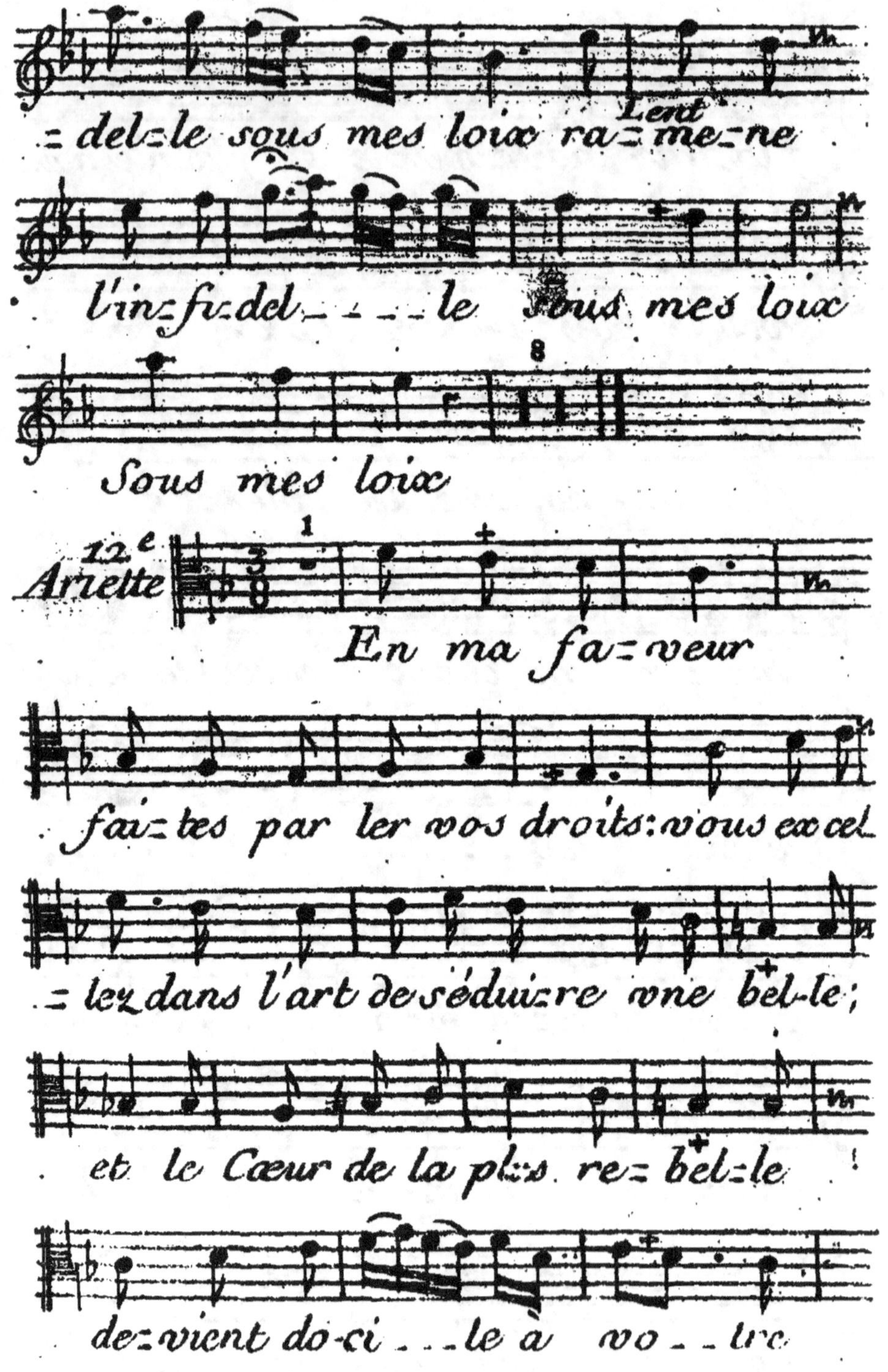
Lent
=del=le sous mes loix ra=me=ne
l'in=fi=del- - - - -le sous mes loix
8
Sous mes loix
12e Ariette
1
En ma fa=veur
fai=tes par ler vos droits: vous excel
=lez dans l'art de séduire une bel-le;
et le Cœur de la plus re=bel=le
de=vient do-ci- - -le à vo- - tre

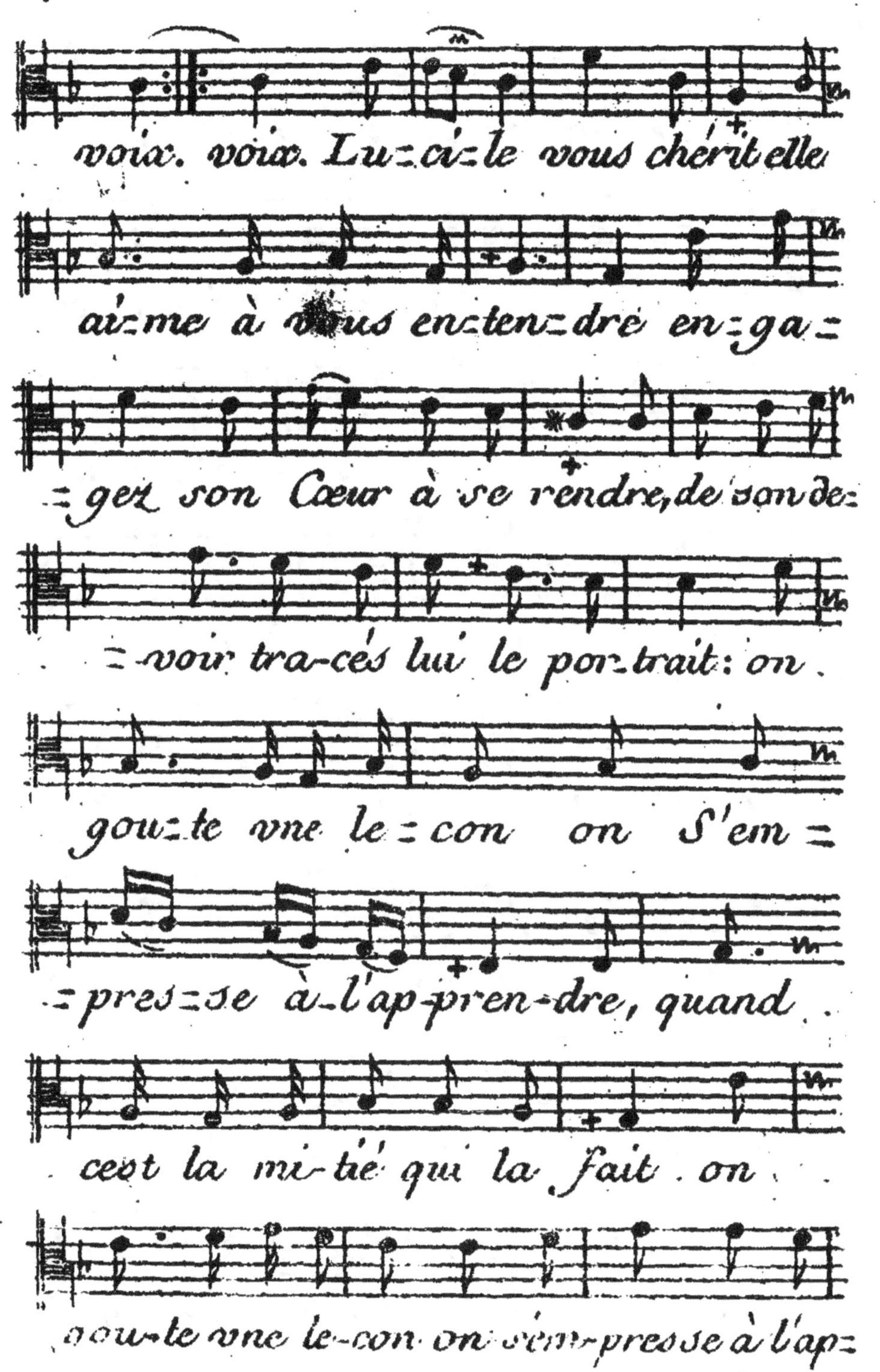
voix. voix. Lu=ci=le vous chérit elle
ai=me à vous en=ten=dre en=ga=
=gez son Cœur à se rendre, de son de=
=voir tra-cés lui le por=trait: on
gou=te vne le=çon on S'em=
=pres=se à l'ap-pren-dre, quand
cest la mi-tié qui la fait . on
gou-te vne le-con on s'em-presse à l'ap=

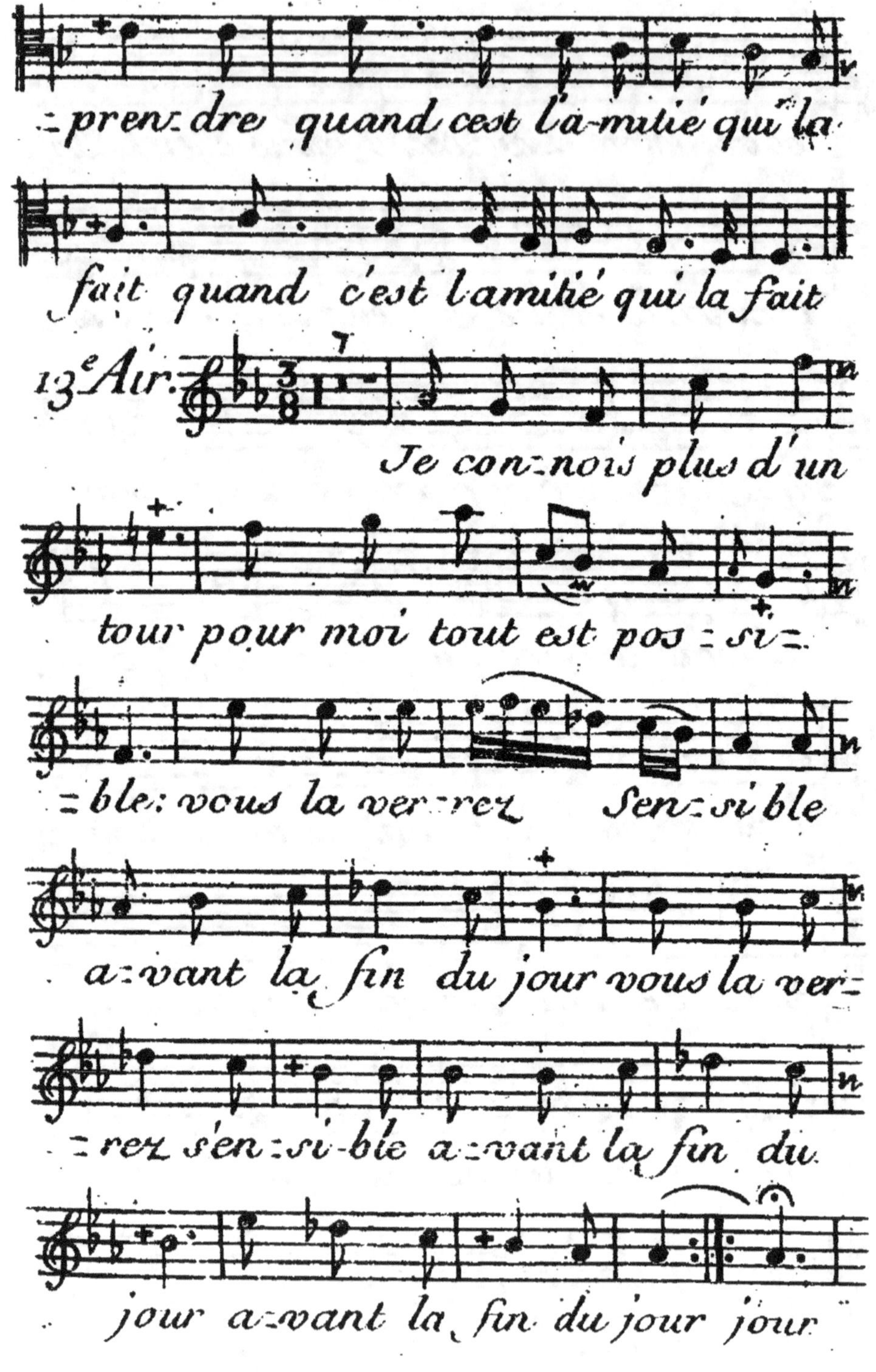

=pren=dre quand c'est l'a-mitié qui la
fait quand c'est l'amitié qui la fait
13e Air.
Je con=nois plus d'un
tour pour moi tout est pos=si=
=ble: vous la ver=rez sen=si ble
a=vant la fin du jour vous la ver=
=rez sen=si-ble a=vant la fin du
jour a=vant la fin du jour jour

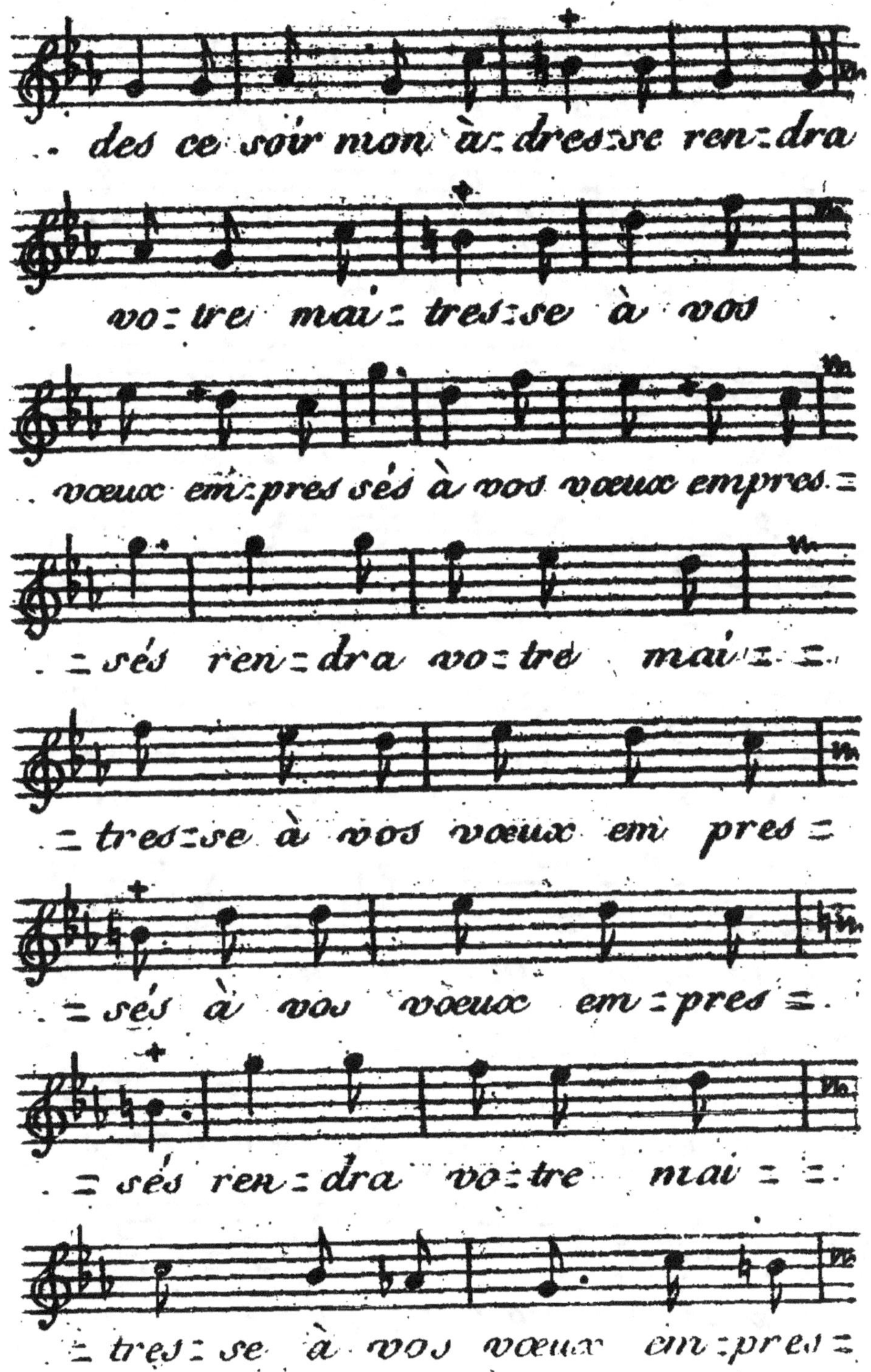
des ce soir mon a=dres=se ren=dra
vo=tre mai=tres=se à vos
voeux em=pres sés à vos voeux empres=
=sés ren=dra vo=tre mai=
=tres=se à vos voeux em pres=
=sés à vos voeux em=pres=
=sés ren=dra vo=tre mai=
=tres=se à vos voeux em=pres=

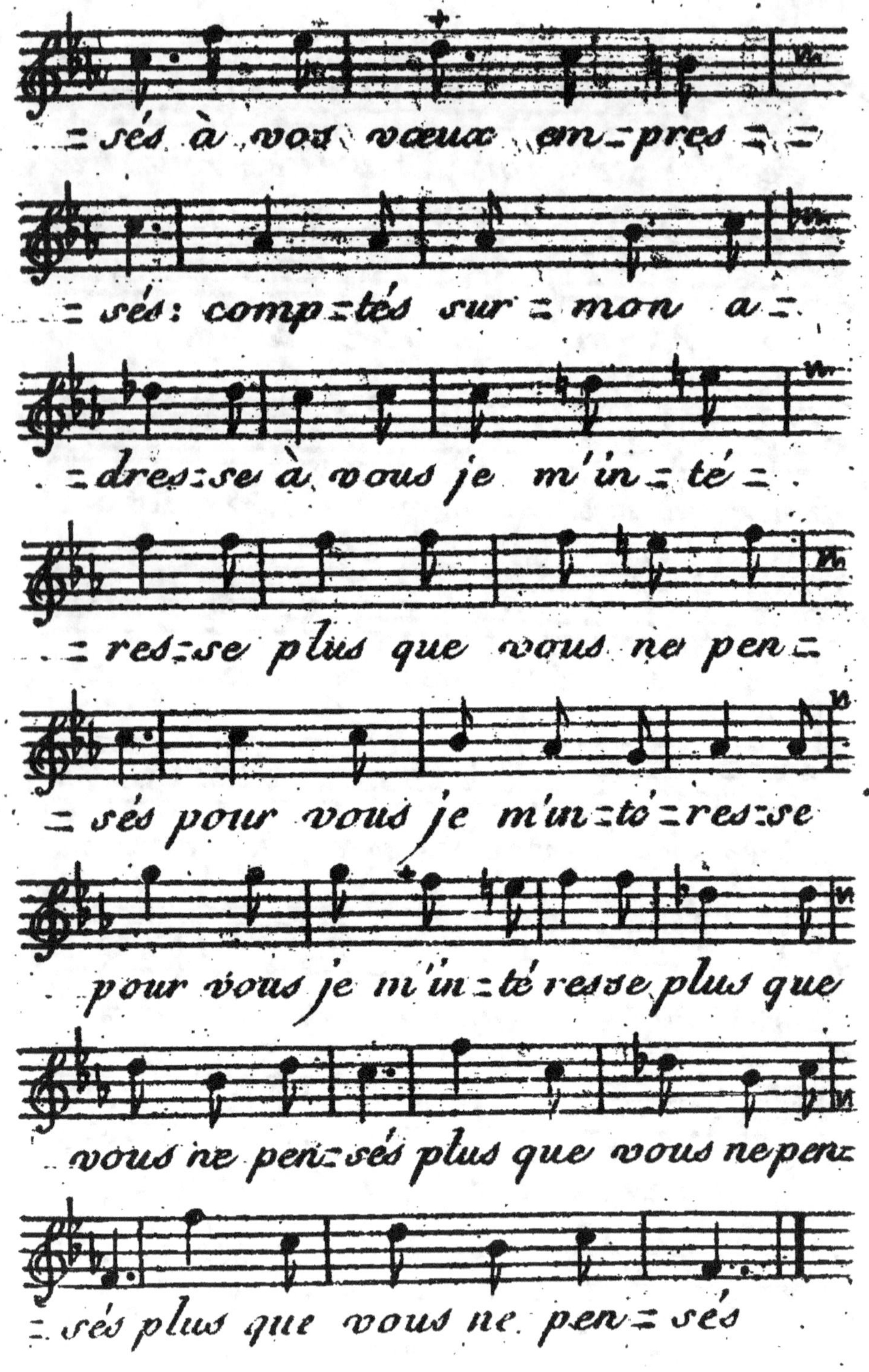
= sés à vos vœux em=pres = =
= sés: comp=tés sur = mon a=
= dres=se à vous je m'in = té =
= res=se plus que vous ne pen =
= sés pour vous je m'in=té=res=se
pour vous je m'in = té resse plus que
vous ne pen=sés plus que vous ne pen=
= sés plus que vous ne pen = sés

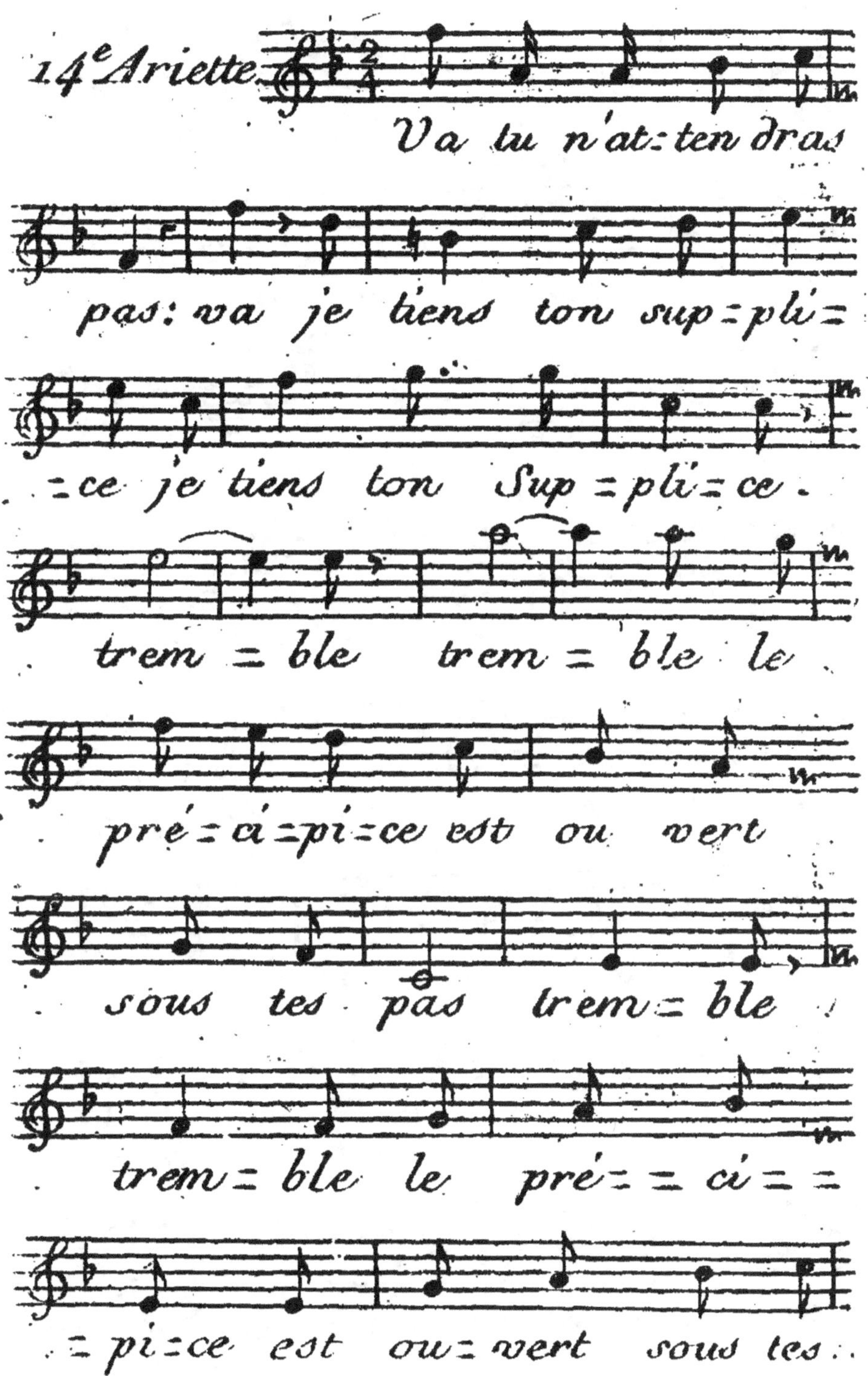
14e Ariette
Va tu n'at=ten dras
pas: va je tiens ton sup=pli=
=ce je tiens ton Sup=pli=ce.
trem=ble trem=ble le
pré=ci=pi=ce est ou vert
sous tes pas trem=ble
trem=ble le pré==ci==
=pi=ce est ou=vert sous tes

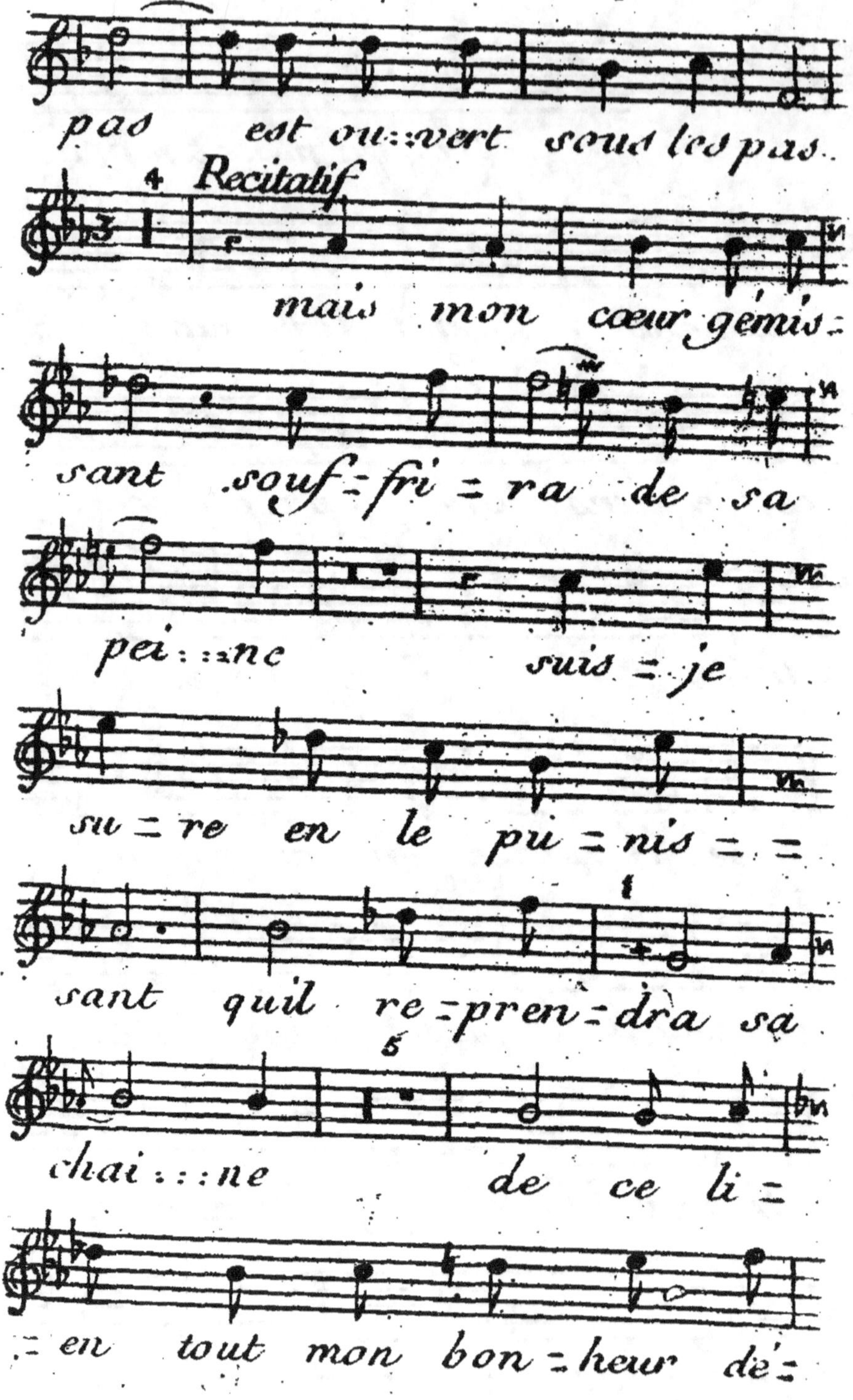
pas est ou::vert sous les pas.
4 Recitatif
mais mon cœur gemis=
sant souf=fri=ra de sa
pei:::ne suis=je
su=re en le pu=nis==
sant quil re=pren=dra sa
5
chai:::ne de ce li=
=en tout mon bon=heur de=

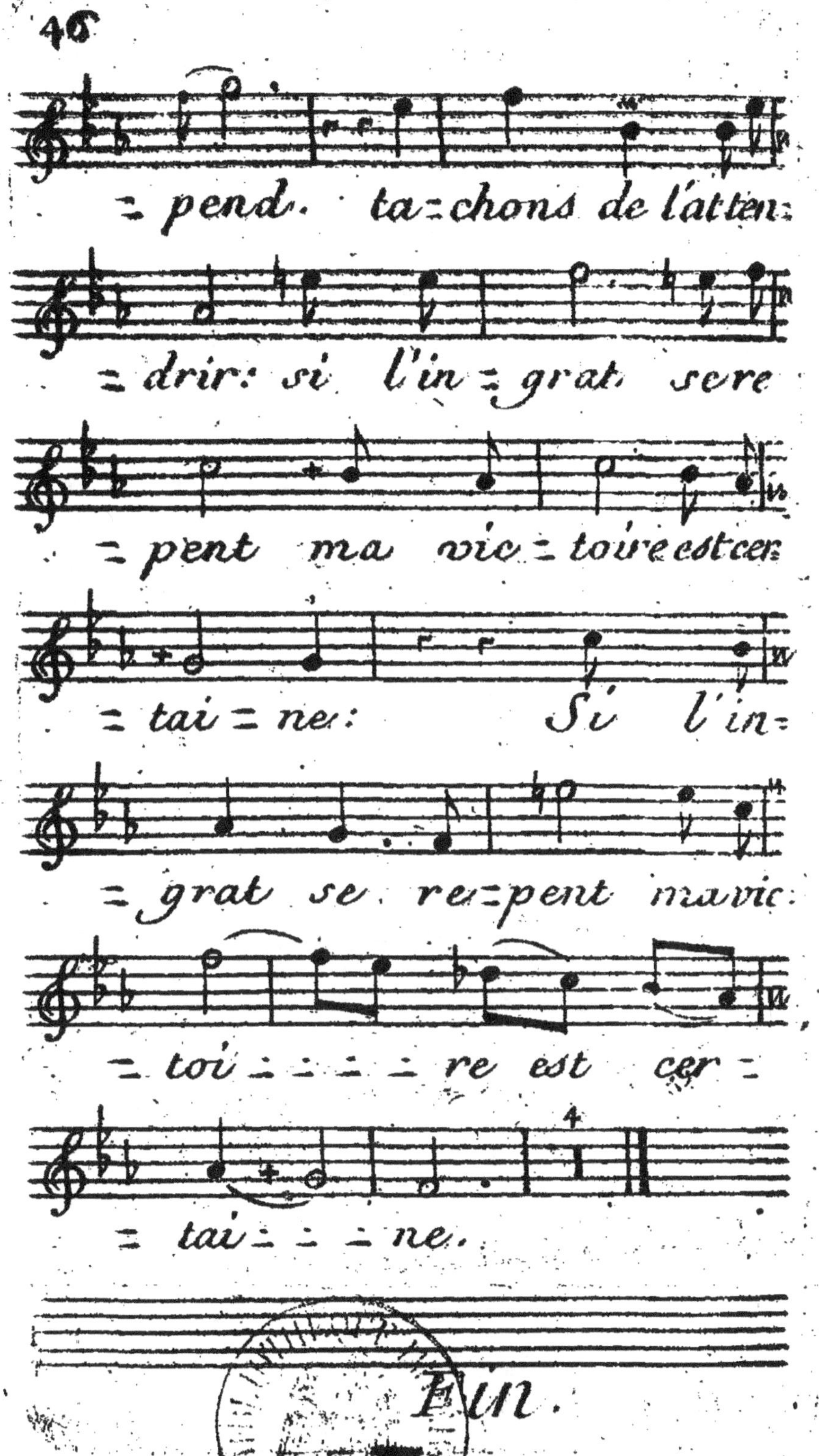
= pend. ta=chons de l'atten=
= drir: si l'in=grat se re
= pent ma vic=toire est cer=
= tai=ne: Si l'in=
= grat se re=pent ma vic=
= toi= = = = re est cer =
= tai= = = ne.
4
Fin.

www.ingramcontent.com/pod-product-compliance
Lightning Source LLC
Chambersburg PA
CBHW030114230526
45469CB00005B/1641

* 9 7 8 2 0 1 2 7 4 4 3 9 4 *